새 이화 한국어

새 이화 한국어 1-2 (English Version)

지은이 이화여자대학교 언어교육원(이민경·김현진·배재원·이정연·김민정·박옥경·황윤정·최효원)

펴낸날 1판 1쇄 2023년 11월 24일

펴낸이 주소현 **펴낸곳** 이화여자대학교출판문화원
주소 서울특별시 서대문구 이화여대길 52 **등록** 1954년 7월 6일 제9-61호
전화 02-3277-2965(편집), 02-362-6076(마케팅) **팩스** 02-312-4312
전자우편 press@ewha.ac.kr **홈페이지** www.ewhapress.com

책임편집 이혜지 **디자인** 프로스트아이디어
번역 김영은 **번역감수** 이미진(이화여대 영어교육과 교수)
일러스트 정윤서 **사진촬영** 강지민 **촬영지원** 홍연아
녹음 오렌지 커뮤니케이션즈 **성우** 권도일, 방시우

ISBN 979-11-5890-492-0 14710
979-11-5890-490-6 (세트)

* 사진 촬영에 협조해 주신 양혜윤, Sakurai Azusa, Ketamornwattana Chutisara, Mikael Ovaska, Mariarosa Patino, Fukunishi Haruka 씨, 이화여자대학교 언어교육원 학생들과 이화여자대학교 학생들에게 감사를 드립니다.

* 잘못된 책은 구입처에서 바꾸어 드립니다.

새 이화 한국어

ENGLISH VERSION

이화여자대학교 언어교육원 지음

이민경 · 김현진 · 배재원 · 이정연
김민정 · 박옥경 · 황윤정 · 최효원

1-2

이화여자대학교출판문화원

머 리 말

이화여자대학교 언어교육원은『이화 한국어』를 발간한 지 12년 만에 새로운 의사소통 중심 교재『새 이화 한국어』를 발간하게 되었습니다. 지난 10여 년 동안『이화 한국어』는 세계 각국에서 사용되어 왔으며 현재까지도 외국인들에게 좋은 학습의 길잡이가 되고 있습니다. 그러나 교수·학습 환경이 나날이 변화하고 한국어 학습자의 요구가 다양해짐에 따라 이에 부응할 새로운 교재의 필요성이 대두되었습니다. 이화여자대학교 언어교육원은 오랜 한국어 교육 경험과 연구를 바탕으로『이화 한국어』를 전면적으로 혁신할 새로운 교재 개발에 착수하였고, 약 3년의 작업 끝에 마침내『새 이화 한국어』를 세상에 내놓게 되었습니다.

『새 이화 한국어』는 듣기, 말하기, 읽기, 쓰기의 통합 교재로 다음의 특징이 있습니다. 먼저 한 단원을 세 개의 소단원으로 구성하여 하나의 주제에 대하여 다양한 기능을 충분히 연습할 수 있도록 설계하였습니다. 또한 문법의 비중을 낮추고 재미있으면서도 실제적인 의사소통 과제의 비중을 높임으로써 수업 내용이 실생활로 전이될 수 있도록 하였습니다. 어휘, 문법은 언어 지식을 쌓는 것에 그치지 않도록 듣기, 말하기, 읽기, 쓰기와 연계를 활용한 유의미한 연습을 제시하였습니다.

특히 이 교재는 네 가지 언어 기능의 균형 있는 발전을 유도하면서도 말하기 능력을 강화하도록 고안된 것이 특징입니다. 이를 위해 대화, 역할극, 그룹 활동 등 방식과 참여 인원 등을 다양화하여 말하기 과제를 제시하였습니다. 이러한 과제를 통해 학습자들이 다양한 상황에서 주도적으로 말하기를 이끌어가는 능력을 기를 수 있을 것으로 기대됩니다. 그리고 듣기와 말하기, 읽기와 말하기, 읽기와 쓰기 등 여러 기능을 연계하고 통합한 과제를 제시함으로써 구어와 문어 학습이 긴밀하게 연계될 수 있도록 구성하였습니다.

이 교재가 발간되기까지 정말 많은 분들의 땀과 노고가 있었습니다. 이화여자대학교 언어교육원을 대표하여, 좋은 교재를 개발하기 위해 밤낮으로 고민하고 집필에 매진하신 저자 분들께 깊은 감사를 드립니다. 또한 교재가 발간되기까지 여러 가지 행정적 지원을 아끼지 않고 수고해 주신 언어교육원 행정실에도 진심으로 감사를 드립니다. 그리고 감수를 맡아 교재 구성과 내용에 많은 조언을 해 주신 김영규, 박선희 교수님께도 감사의 말씀을 드립니다. 마지막으로 이 교재가 이렇게 멋진 모습으로 발간될 수 있도록 편집과 출판을 맡아 주신 이화여자대학교출판문화원에도 깊은 감사의 마음을 전합니다.

이 교재가 국내외에서 한국어 교재로 널리 활용되어 한국어를 쉽고 재미있고 효과적으로 교수·학습하는 데에 크게 기여하기를 바랍니다. 아울러 앞으로 나아가야 할 한국어 교육의 방향을 선도하는 역할도 하게 되기를 기대합니다.

2023년 11월

이화여자대학교 언어교육원

원장 이은주

PREFACE

Ewha Language Center at Ewha Womans University has published *New Ewha Korean*, a new communication-oriented textbook, twelve years after the first publication of *Ewha Korean*. Over the past ten years, *Ewha Korean* has been widely used in many countries around the world, and even today, it serves as a valuable learning guide for many foreigners. However, to reflect the rapid changes in teaching and learning environment and to meet the various needs of Korean language learners, this new textbook edition has become necessary. Based on its long experience in Korean language education and research, Ewha Language Center at Ewha Womans University has developed a new textbook to refine the previous edition *Ewha Korean*, and the *New Ewha Korean* has finally been released after about three years of work.

New Ewha Korean is a textbook that integrates listening, speaking, reading, and writing with the following characteristics. First, each unit consists of three subunits so that it allows for sufficient practice of various functions related to a single topic. In addition, by lowering the weight of grammar and increasing motivating and practical communication tasks, the course content can be transferred to real life. Meaningful exercises that integrate listening, speaking, reading, writing practices are also provided in order to avoid limiting language knowledge to only vocabulary and grammar.

In particular, this textbook is designed to strengthen speaking skills while encouraging a balanced development of the four language skills. To this end, speaking tasks include a variety of formats such as conversation, role play, and group activities, and involve different numbers of participants. Through these tasks, it is expected that learners will be able to develop the ability to lead speaking in a variety of situations. In addition, by presenting assignments that combine language skills such as listening and speaking, reading and speaking, and reading and writing, tasks are structured so that oral and written language learning can be closely linked.

This textbook required much effort and dedication before it was published. On behalf of the Ewha Language Center at Ewha Womans University, I would like to express my deepest gratitude to the authors who worked hard day and night to develop an exemplary textbook. In addition, I would like to express my sincere gratitude to the administrative office of Ewha Language Center for their hard work and support in the publication of this textbook. I would also like to sincerely thank Professor Young-kyu Kim and Professor Sun-hee Park, who provided many suggestions on the textbook structure and content. Lastly, I would like to extend my thanks to the Ewha Womans University Press for editing and publishing this textbook so that it can be published in such a wonderful form.

I hope that this textbook will be widely used as a Korean language textbook in Korea and abroad, contributing greatly to teaching and learning the Korean language easily, enjoyably, and effectively. In addition, I hope it will play a leading role in guiding the future direction of Korean language education.

November 2023
Ewha Language Center at Ewha Womans University
Director Lee, Eun-joo

교재 구성표

단원	단원명	소단원 1					
		제목	어휘와 표현	문법	듣고 말하기	발음	제목
7	주말	토요일에 회사에 안 가요	주말 활동	안 A/V	주말 활동에 대해 듣고 말하기	겅음화 ②	주말에 뭐 했어요
8	취미	등산을 하고 있어요	취미 활동	V-고 있다	취미 활동에 대해 듣고 말하기	겹받침	태권도를 할 수 있어요?
9	계획	대학교에 입학할 거예요	미래 계획	V-을 거예요/ㄹ 거예요 더 ㄷ 불규칙	미래 계획에 대해 듣고 말하기	경음화 ③	구경하러 갈 거예
10	날씨와 계절	날씨가 맑고 따뜻해요	날씨	-A/V고(나열) 더 N은/는	여러 도시의 날씨에 대해 듣고 말하기	격음화 ①	겨울이 되면 스키를 타러 가요
11	교통	명동에 가려고 해요	교통수단 더 N으로/로(수단)	V-으려고 하다/려고 하다	목적지에 가는 방법에 대해 듣고 말하기 더 N에서 N까지	ㄴ 첨가	오른쪽으로 가세
12	약속	같이 점심을 먹을까요?	상태 ②	V-을까요?/ㄹ까요?	약속 시간, 장소에 대해 듣고 말하기	격음화 ②	친구가 와서 공항 가야 돼요

소단원 2			소단원 3				문화
어휘와 표현	문법	읽고 말하기	제목	문법	듣고 말하기	읽고 쓰기	
장소 ①	A/V-았어요/었어요	주말에 한 일에 대해 읽고 말하기 더 N과/와, N하고, N이랑/랑	제주도에서 수영을 했어요	N에서	주말여행에 대해 듣고 말하기	주말여행 경험에 대한 글 읽고 쓰기 더 A/V-지 않다	제주도
운동	V-을 수 있다/ㄹ 수 있다	운동에 대해 읽고 말하기	동아리에서 공연도 했어요	N도, N만	하고 싶은 동아리에 대해 듣고 말하기	동아리 활동에 대한 글 읽고 쓰기 더 못 V	서울의 산
장소 ②	V-으러/러	여행 계획에 대해 읽고 말하기	친구에게 이메일을 보냈어요	N에게/한테, N에게서/한테서	특별한 날 계획에 대해 듣고 말하기	초대에 대한 글 읽고 쓰기	해맞이
계절, 계절 활동	A/V-으면/면	계절 활동에 대해 읽고 말하기 더 V-아요/어요	봄은 좋아하지만 여름은 안 좋아해요	A/V-지만	계절 음식에 대해 듣고 말하기	좋아하는 계절에 대한 글 읽고 쓰기	재미있는 날씨 표현
이동	N으로/로(방향)	가는 길에 대해 읽고 말하기	지하철을 타야 돼요	V-아야 되다/어야 되다	대중교통 이용 방법에 대해 듣고 말하기	대중교통 이용 경험에 대한 글 읽고 쓰기	지하철역 이름의 유래
약속	A/V-아서/어서	약속 변경에 대해 읽고 말하기	저녁을 먹고 노래방에 가요	V-고(순서)	송별회 계획에 대해 듣고 말하기	자신과의 약속에 대한 글 읽고 쓰기 더 V-기	모임

더 더 알아보기

Table of contents

Subunit 2			Subunit 3				Culture
Vocabulary & expressions	Grammar	Reading & speaking	Title	Grammar	Listening & speaking	Reading & speaking	
Places ①	A/V-았어요/었어요	Reading and speaking about activities over the weekend 더 N과/와, N하고, N이랑/랑	I went swimming in Jeju Island	N에서	Listening and speaking about weekend trips	Reading and writing about weekend trip experiences 더 A/V-지 않다	Jeju Island
Sports	V-을 수 있다/ㄹ 수 있다	Reading and speaking about sports	I performed in my club	N도, N만	Listening and speaking about the club you want to join	Reading and writing about club activities 더 못 V	Mountains in Seoul
Places ②	V-으러/러	Reading and speaking about travel plans	I sent an email to my friend	N에게/한테, N에게서/한테서	Listening and speaking about special day plans	Reading and writing about invitations	First sunrise in the new year
Seasons, Seasonal activities	A/V-으면/면	Reading and speaking about seasonal activities 더 V-아요/어요	I like spring but not summer	A/V-지만	Listening and speaking about seasonal foods	Reading and writing about the favorite season	Interesting weather expressions
Transportation	N으로/로 (direction)	Reading and speaking about directions	You have to take the subway	V-아야 되다/어야 되다	Listening and speaking about public transportation	Reading and writing about public transportation	The origin of the names of subway stations
Appointment ①	A/V-아서/어서	Reading and speaking about changes to an appointment	Let's go to the singing room after dinner	V-고(order)	Listening and speaking about plans for a farewell party	Reading and writing about promises made to oneself 더 V-기	Gathering

더 더 알아보기

교재 구성과 사용법

How to use this book

- 『새 이화 한국어』 1급은 총 200시간 분량의 한국어 교재이다.
  New Ewha Korean LEVEL 1 is a Korean language textbook with a total of 200 hours of lessons.

- 『새 이화 한국어』 1급은 '국제 통용 한국어 표준 교육과정' 1급, '유럽공통참조기준(CEFR)' 1A 정도에 해당된다.
  New Ewha Korean LEVEL 1 corresponds to Level 1 of the International Standard Curriculum for Korean Language and 1A of the Common European Framework of Reference for Languages(CEFR).

- 『새 이화 한국어』 1급은 두 권으로 나뉘어 있으며(1-1, 1-2), 『새 이화 한국어 1-1』은 1~6단원, 『새 이화 한국어 1-2』는 7~12단원으로 구성되어 있다.
  New Ewha Korean LEVEL 1 is divided into two volumes (1-1, 1-2) and *New Ewha Korean* 1-1 consists of units 1~6, and *New Ewha Korean* 1-2 consists of units 7~12.

- 각 단원은 세 개의 소단원으로 구성되어 있으며 세부 내용은 아래와 같다.
  Each unit consists of three subunits. The details are as follows.

단원 Unit							
소단원 1 Subunit 1		**소단원 2** Subunit 2		**소단원 3** Subunit 3		문화 Culture	어휘와 표현 확인 Vocabulary and expressions check
어휘와 표현	Vocabulary and expressions	어휘와 표현	Vocabulary and expressions	문법	Grammar		
문법	Grammar	문법	Grammar	듣고 말하기	Listening and speaking		
듣고 말하기	Listening and speaking	읽고 말하기	Reading and speaking	읽고 쓰기	Reading and writing		
발음	Pronunciation						

- 말하기 활동에 다양한 아이콘이 사용되는데, 그 의미는 다음과 같다.
  Various symbols are used for speaking activities, and their meanings are as follows.

아이콘 Symbol	**의미** Meaning
	짝 활동(짝이 바뀌지 않음) pair work (not changing a partner)
	짝 활동(짝이 바뀜) pair work (with changing partners)
	3~4명 그룹 활동 group work of 3-4 people
	교실 발표 a classroom presentation

- 듣기 자료는 이화여자대학교출판문화원 홈페이지에서 내려 받을 수 있으며, 교재의 QR 코드를 통해 바로 접근할 수도 있다.
  The audio can be downloaded from the Ewha Womans University Press website(www.ewhapress.com) or by scanning the QR code in the textbook.

단원 표지

Unit cover page

- 단원의 제목과 소단원의 학습 목표와 내용을 알려 준다.
  The title of the unit and the objectives and contents of each subunit are presented.
- 사진 자료로 각 소단원의 주제를 알 수 있도록 보여 준다.
  Pictures relevant to the topic of each subunit are presented.
- 각 소단원의 주제 관련 표현을 제시하여 학습자들이 그 표현과 관련된 사진을 찾아보게 함으로써 각 소단원의 주제를 인지하고 배경지식을 활성화할 수 있게 한다.
  Learners are encouraged to match the pictures with the expressions provided in order to recognize the topics of the subunits and activate their background knowledge.

어휘와 표현

Vocabulary and expressions

소단원 subunit 1, 2

- 주제별로 선정된 목표 어휘와 표현을 사진이나 그림과 함께 제시하여 의미를 유추할 수 있도록 구성하였다.
  The target vocabulary and expressions selected for each topic are presented with pictures so that learners can infer the meaning.
- 어휘와 표현은 기본형이 아닌 '-아요/어요' 등을 활용한 형태로 제시하였다.
  The vocabulary and expressions are presented in the form of -아요/어요, instead of basic forms.
- 배운 어휘와 표현을 사용해서 위의 사진이나 그림에 대해 또는 자기 자신에 대해 이야기하는 말하기 연습이다.
  This is a speaking exercise where learners use the vocabulary and expressions they have learned to talk about the picture above or themselves.

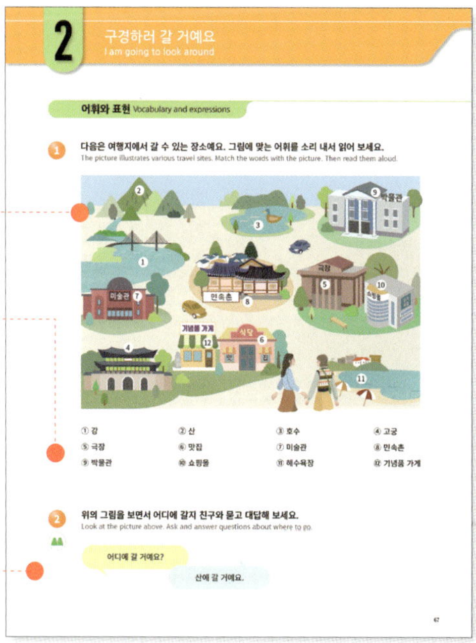

문법

Grammar

소단원 subunit 1, 2, 3

- 목표 문법이 사용되는 전형적인 대화 또는 짧은 읽기 텍스트를 사진이나 그림과 함께 제시함으로써 학습자가 문법의 의미를 유추할 수 있게 하였다.
  Typical conversations or a short reading text using the target grammar are presented along with pictures to help learners to infer its meaning.

- 주어진 정보를 보고 배운 문법을 사용해서 질문하고 대답하는 연습이다.
  This exercise involves asking and answering questions using the target grammar and given information.

- 서로 질문하고 대답한 후에 상대방한테서 들은 내용을 써 보는 연습이다.
  This is a pair work of asking and answering questions to each other and writing down the partner's answers.

- 목표 문법이 사용되는 대화 4개와 문법의 의미, 형태 정보를 제시하였다. 형태 변화가 없는 경우에는 형태 정보를 제시하지 않았다.
  Four example sentences using the target grammar are presented with explanations of its meaning and form. If there are no morphological changes, the information about the form is not included.

- 배운 문법을 사용해서 질문과 대답을 연결하고 대화를 들어 보는 연습이다.
  This exercise involves matching questions and answers using the grammar learned and listening to conversations.

- 소단원 1, 2의 문법 익히기 3번 연습에 '정보 차 활동'이 들어간 경우가 있다.
  In some units, 'information gap activities' are included in exercise 3 of subunits 1 and 2.

- 학생 A와 학생 B의 활동지가 다르며, 학생 A는 해당 페이지에 있는 활동지를 사용하고 학생 B는 책 뒤쪽 부록에 있는 활동지를 사용하면 된다.
  Student A and Student B have different activity sheets, and Student A should use the activity sheet on the page and Student B should use the activity sheet at the back of the book.

- 학생 A는 (1), (3), (5), (7)번을 먼저 질문하고, 학생 B는 (2), (4), (6), (8)번을 먼저 질문한다.
  Student A asks questions (1), (3), (5), and (7) first, and Student B asks questions (2), (4), (6) and (8) first.

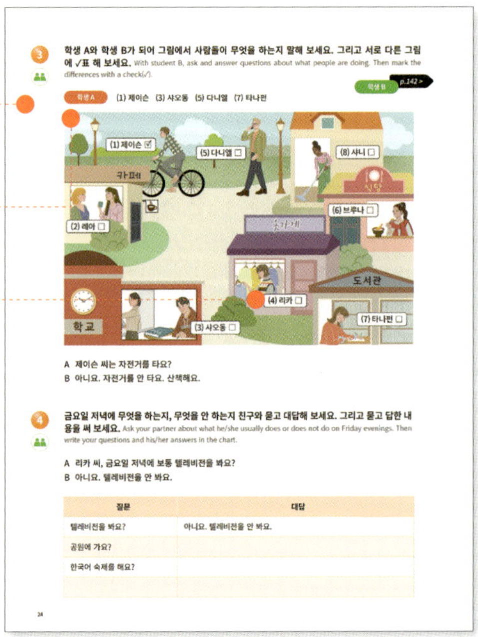

듣고 말하기

Listening and speaking

소단원 subunit 1, 3

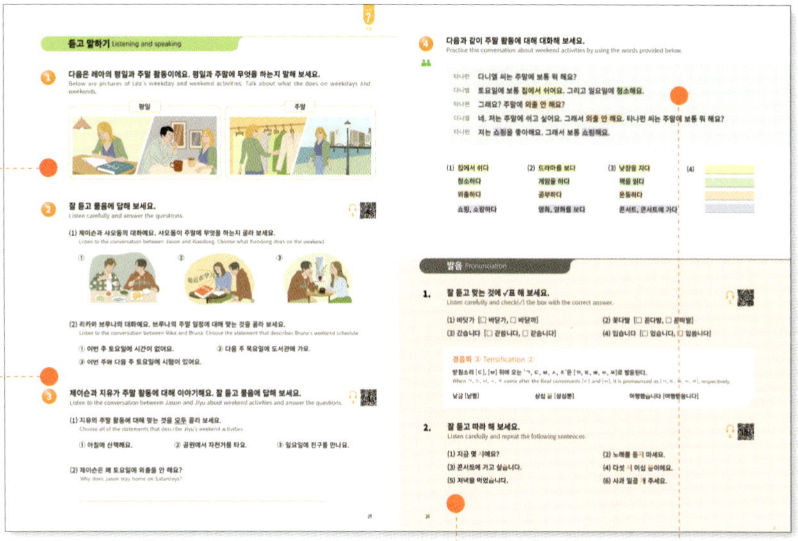

- 듣고 말하기의 도입이다. 사진이나 그림을 제시하여 듣거나 말할 내용을 추측해 보고 어휘나 표현을 학습하는 데에 도움이 되도록 하였다.

  This is the introduction to listening and speaking. Pictures are presented to help learners predict what they will hear or talk about and learn vocabulary and expressions.

- 듣기 단계이다. 대화의 난이도와 길이에 따라 2번과 3번으로 나누어 제시하였다. 또한 들은 내용을 확인하는 문제를 제시하여 학습자가 무엇에 중점을 두고 들어야 하는지 안내하였다.

  This is the listening stage. Two listening passages are presented with differing difficulty and length. Additionally, questions are provided to check understanding of the content and guide learners what to focus on while listening.

- 말하기 단계이다. 들은 내용과 관련하여 짧은 대화를 구성하는 것이다. 색깔로 표시된 부분을 교체해서 연습할 수 있도록 하였다.

  This is the speaking stage. It is about constructing a short conversation about what you have heard. Learners can practice speaking by replacing the colored parts.

- 소단원 1의 말하기 또는 해당 단원과 관련 있는 발음 규칙을 배울 수 있도록 제시하였다. 먼저 발음을 들어 보고 발음 규칙을 배운 후에 발음에 맞게 따라 해 보게 하였다.

  The pronunciation rules related to the unit are presented. First, learners listen to the pronunciation, learn the rules, and practice the pronunciation correctly.

- 소단원 1과는 달리 소단원 3의 4번 연습에는 그룹으로 진행하는 말하기 활동을 제시하였다. 보통 (1)번은 짝 활동, (2)번은 그룹 활동, (3)번은 발표 형식으로 이루어져 있다. 학습자 간의 다양한 상호작용을 통해 해당 단원에서 배운 표현을 내재화하고 언어 사용의 유창성을 키우게 하였다.

  Unlike subunit 1, exercise 4 in subunit 3 is a speaking activity conducted as a group. Usually, (1) indicates pair work. (2) indicates group activities, and (3) indicates presentation activities. Through various interactions, the target expressions learned in the unit are internalized, and learners can increase fluency.

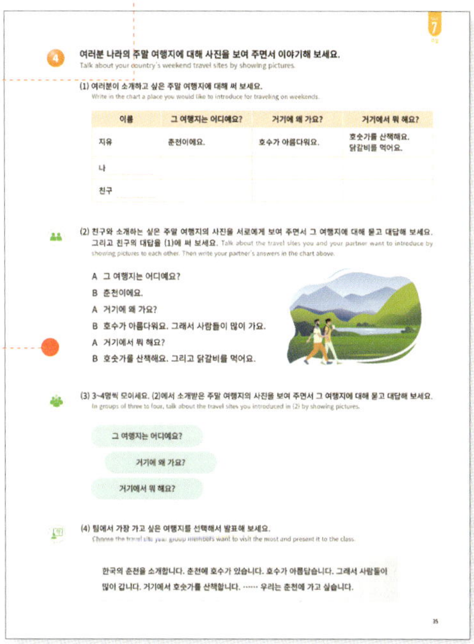

읽고 말하기

Reading and speaking

소단원 subunit 2

- 읽기의 도입 사진 또는 그림이다. 읽을 내용을 추측해 보고 어휘나 표현을 학습하는 데에 도움이 된다.
  This is an introduction to the reading. Pictures are presented to help learners predict the content of the reading and learn vocabulary and expressions.

- 읽기 텍스트이다. 학습자의 수준에 맞는 다양하고 실제적인 텍스트를 제시하였다.
  This is a reading text. Various and practical texts suitable for the learners' levels are presented.

- 말하기 단계이다. 읽은 주제와 관련된 내용으로 역할극을 수행하도록 하였다.
  This is the speaking stage where learners perform a role play based on the topic they have read.

- 상황, 내용, 대화자의 역할 등을 그림과 설명으로 제시하였다.
  The situation, content, and role of the interlocutor are presented in pictures and explanations.

- 읽기 단계이다. 읽은 내용을 확인하는 문제를 제시하여 학습자 스스로 이해도를 점검해 볼 수 있게 하였다.
  This is the reading stage. Comprehension questions are presented so that learners can check their understanding.

- 대화의 주요 핵심 질문을 도식으로 제시했고, 이때 필요한 기능 표현을 제시하였다.
  The main questions of the conversation are presented as a diagram, and the functional expressions are provided.

- 모범 대화문이다.
  This is a model dialogue.

- 자신의 경험과 생각을 바탕으로 말할 수 있는 확장 연습이다.
  This is an expanded practice where learners can freely engage in the conversation based on their own experiences and thoughts.

읽고 쓰기

Reading and writing

소단원 subunit 3

- 소단원 3의 읽기에서는 소단원 2와 텍스트 분량 및 유형, 읽기 활동을 다르게 제시하였다.

  The reading section in subunit 3 differs from that of subunit 2 in terms of length, type, and reading activities.

- 읽기의 도입 사진 또는 그림이다. 읽을 내용을 추측해 보고 어휘나 표현을 학습하는 데에 도움이 된다.

  This is the introduction to reading. Pictures are presented to help learners predict the content to read and learn vocabulary and expressions.

- 쓰기 단계이다. 읽은 텍스트와 유사한 종류의 글을 써 보게 하였다.

  This is the writing stage. It involves writing similar to what the learners have read.

- 먼저 실제 쓸 내용을 구상할 수 있도록 관련된 질문을 넣어 쓰기를 준비하도록 하였다.

  First, learners are presented with relevant questions that help them brainstorm contents for the writing.

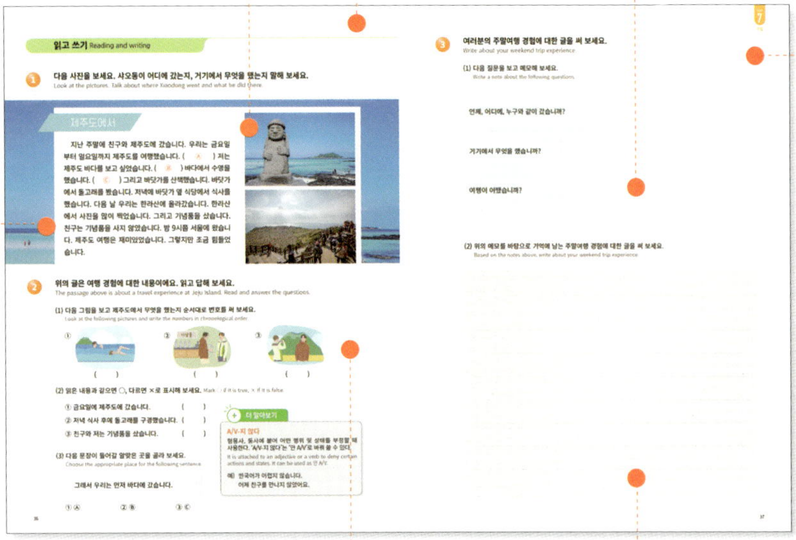

- 읽기 텍스트이다. 학습자의 수준에 맞는 다양하고 실제적인 텍스트를 제시하였다.

  This is a reading text. Various and practical texts suitable for the learners' level are presented.

- 읽기 단계이다. 읽은 내용을 확인하는 문제를 제시하여 학습자 스스로 이해도를 점검해 볼 수 있게 하였다.

  This is the reading stage. Comprehension questions are presented so that learners could check their understanding independently.

- 질문에 대해 작성한 메모를 바탕으로 글을 완성하도록 하여 과정 중심 글쓰기가 이루어지도록 구성하였다.

  Learners are guided through process-oriented writing as they complete their writing based on the notes they wrote for the questions above.

문화

Culture

- 문화는 먼저 해당 단원의 주제와 관련된 한국 문화의 내용에 대해 생각해 보게 하였다.
  The cultural section requires learners to explore Korean cultural aspects related to the topic of the unit.

- 시각 자료 및 텍스트를 보며 문화에 대해 알아보게 하였다.
  With visuals and texts, learners are able to understand the Korean culture.

- 문화에 대한 이해를 바탕으로 상호문화적인 관점에서 자신의 생각을 이야기해 보도록 하였다.
  Learners are encouraged to share their thoughts from an intercultural perspective about the Korean culture presented above.

- 문화에 대해 더 잘 이해할 수 있도록 부록에 해당 한국 문화에 대한 자세한 설명을 번역과 함께 제시하였다.
  In order to better understand the culture, a detailed explanation of the Korean culture is presented in the appendix along with the translation.

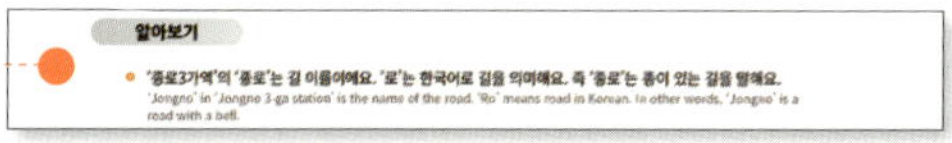

어휘와 표현 확인

Vocabulary and expressions check

- 해당 단원에서 나온 모든 신출 어휘와 표현을 번역과 함께 제시하여 학습자 스스로 의미를 확인해 보도록 구성하였다.
  All new vocabulary and expressions from the unit are presented with translations to enable learners to verify their meanings.

차 례

Contents

등장인물

Characters

ELC: Ewha Language Center

7 단원 Unit

주말
Weekends

1 토요일에 회사에 안 가요
I don't go to work on Saturdays

- 주말 활동
  Vocabulary and expressions: Weekend activities
- 안 A/V
  Grammar: 안 A/V
- 주말 활동에 대해 듣고 말하기
  Listening and speaking about weekend activities

* 경음화 ②
  Pronunciation: Tensification ②

2 주말에 뭐 했어요?
What did you do over the weekend?

- 장소 ①
  Vocabulary and expressions: Places ①
- A/V-았어요/었어요
  Grammar: A/V-았어요/었어요
- 주말에 한 일에 대해 읽고 말하기
  Reading and speaking about activities over the weekend

3 제주도에서 수영을 했어요
I went swimming in Jeju Island

- N에서
  Grammar: N에서
- 주말여행에 대해 듣고 말하기
  Listening and speaking about weekend trips
- 주말여행 경험에 대한 글 읽고 쓰기
  Reading and writing about weekend trip experiences

문화 | 제주도
Culture: Jeju Island

1

2

3

다음 표현에 알맞은 사진을 찾아서 번호를 써 보세요.

Match the expressions with the pictures and write the number in the box.

- ☐ 지금 외출해요.
- ☐ 콘서트 표를 예매해요.
- ☐ 주말에 여행을 하고 싶어요.

1 토요일에 회사에 안 가요
I don't go to work on Saturdays

어휘와 표현 Vocabulary and expressions

1 **다음은 사람들의 주말 활동이에요. 표현을 소리 내서 읽어 보세요.**
The pictures illustrate weekend activities. Read the expressions aloud.

① 빨래해요 ☐

② 산책해요 ☐

③ 쇼핑해요 ☐

④ 외식해요 ☐

⑤ 청소해요 ☐

⑥ 인터넷을 해요 ☐

⑦ 낮잠을 자요 ☐

⑧ 여행을 가요 ☐

⑨ 영화를 봐요 ☐

⑩ 자전거를 타요 ☐

⑪ 집에서 쉬어요 ☐

⑫ 콘서트에 가요 ☐

2 **위의 그림에서 여러분의 주말 활동을 골라 √표 해 보세요. 그리고 여러분이 주말에 하는 활동에 대해 묻고 대답해 보세요.** Choose your weekend activities from the pictures above and check(√) the box. Then ask and answer questions about weekend activities.

주말에 보통 뭐 해요?

저는 주말에 산책해요.

문법 Grammar

1 **대화를 듣고 다음 질문에 알맞은 답을 골라 보세요.**
Listen to the conversations. Then choose the correct answer to each question.

1

(1) 지금 영화를 봐요?

① 네. 영화를 봐요.
② 아니요. 인터넷을 해요.

(2) 커피를 좋아해요?

① 네. 커피를 좋아해요.
② 아니요. 주스를 좋아해요.

안 A/V

A 비빔밥이 매워요?
B 아니요. 안 매워요.

A 토요일에 회사에 가요?
B 아니요. 안 가요.

A 보통 아침을 먹어요?
B 아니요. 저는 아침을 안 먹어요.

A 매일 운동해요?
B 아니요. 매일 운동 안 해요.

'안'은 형용사, 동사에 붙어 어떤 상태나 동작의 부정 또는 반대의 의미를 나타낸다. '운동하다, 산책하다'처럼 'N하다' 동사는 'N 안 하다'로 쓴다.
안 is attached to an adjective or a verb to indicate negative or opposite meaning of a state or an action. The negative form of N하다 is N 안 하다 like 운동 안 하다, 산책 안 하다.

2 **질문에 알맞은 대답을 찾아 써 보세요. 그리고 맞는지 들어 보세요.**
Match the questions and answers. Then listen to check your answers.

2

(1) 주말에 쇼핑해요? ___ⓔ___
(2) 매일 책을 읽어요? ______
(3) 오늘 영화를 봐요? ______
(4) 수업 후에 바빠요? ______
(5) 옷이 어때요? 커요? ______

ⓐ 아니요. 안 봐요.
ⓑ 아니요. 안 바빠요.
ⓒ 아니요. 안 읽어요.
ⓓ 아니요. 안 커요. 잘 맞아요.
ⓔ 아니요. 주말에 쇼핑 안 해요.

3 학생 A와 학생 B가 되어 그림에서 사람들이 무엇을 하는지 말해 보세요. 그리고 서로 다른 그림에 √표 해 보세요. With student B, ask and answer questions about what people are doing. Then mark the differences with a check(√).

학생 B p.142 >

학생 A (1) 제이슨 (3) 샤오동 (5) 다니엘 (7) 타나펀

A 제이슨 씨는 자전거를 타요?
B 아니요. 자전거를 안 타요. 산책해요.

4 금요일 저녁에 무엇을 하는지, 무엇을 안 하는지 친구와 묻고 대답해 보세요. 그리고 묻고 답한 내용을 써 보세요. Ask your partner about what he/she usually does or does not do on Friday evenings. Then write your questions and his/her answers in the chart.

A 리카 씨, 금요일 저녁에 보통 텔레비전을 봐요?
B 아니요. 텔레비전을 안 봐요.

질문	대답
텔레비전을 봐요?	아니요. 텔레비전을 안 봐요.
공원에 가요?	
한국어 숙제를 해요?	

듣고 말하기 Listening and speaking

1 **다음은 레아의 평일과 주말 활동이에요. 평일과 주말에 무엇을 하는지 말해 보세요.**
Below are pictures of Léa's weekday and weekend activities. Talk about what she does on weekdays and weekends.

평일

주말

2 **잘 듣고 물음에 답해 보세요.**
Listen carefully and answer the questions.

3

(1) 제이슨과 샤오둥의 대화예요. 샤오둥이 주말에 무엇을 하는지 골라 보세요.
Listen to the conversation between Jason and Xiaodong. Choose what Xiaodong does on the weekend.

①

②

③

(2) 리카와 브루나의 대화예요. 브루나의 주말 일정에 대해 맞는 것을 골라 보세요.
Listen to the conversation between Rika and Bruna. Choose the statement that describes Bruna's weekend schedule.

① 이번 주 토요일에 시간이 없어요.
② 다음 주 목요일에 도서관에 가요.
③ 이번 주와 다음 주 토요일에 시험이 있어요.

3 **제이슨과 지유가 주말 활동에 대해 이야기해요. 잘 듣고 물음에 답해 보세요.**
Listen to the conversation between Jason and Jiyu about weekend activities and answer the questions.

4

(1) 지유의 주말 활동에 대해 맞는 것을 모두 골라 보세요.
Choose all of the statements that describe Jiyu's weekend activities.

① 아침에 산책해요.
② 공원에서 자전거를 타요.
③ 일요일에 친구를 만나요.

(2) 제이슨은 왜 토요일에 외출을 안 해요?
Why does Jason stay home on Saturdays?

4 다음과 같이 주말 활동에 대해 대화해 보세요.

Practice this conversation about weekend activities by using the words provided below.

타나펀 다니엘 씨는 주말에 보통 뭐 해요?

다니엘 토요일에 보통 집에서 쉬어요. 그리고 일요일에 청소해요.

타나펀 그래요? 주말에 외출 안 해요?

다니엘 네. 저는 주말에 쉬고 싶어요. 그래서 외출 안 해요. 타나펀 씨는 주말에 보통 뭐 해요?

타나펀 저는 쇼핑을 좋아해요. 그래서 보통 쇼핑해요.

(1)	(2)	(3)	(4)
집에서 쉬다	드라마를 보다	낮잠을 자다	
청소하다	게임을 하다	책을 읽다	
외출하다	공부하다	운동하다	
쇼핑, 쇼핑하다	영화, 영화를 보다	콘서트, 콘서트에 가다	

발음 Pronunciation

1. 잘 듣고 맞는 것에 ✓표 해 보세요.

Listen carefully and check(✓) the box with the correct answer.

5

(1) 바닷가 [☐ 바닫가, ☐ 바닫까]

(2) 꽃다발 [☐ 꼳다발, ☐ 꼳따발]

(3) 갔습니다 [☐ 갇씀니다, ☐ 갇슴니다]

(4) 입습니다 [☐ 입슴니다, ☐ 입씀니다]

경음화 ② Tensification ②

받침소리 [ㄷ], [ㅂ] 뒤에 오는 ‘ㄱ, ㄷ, ㅂ, ㅅ, ㅈ’은 [ㄲ, ㄸ, ㅃ, ㅆ, ㅉ]로 발음된다.

When ㄱ, ㄷ, ㅂ, ㅅ, ㅈ come after the final consonants [ㄷ] and [ㅂ], it is pronounced as [ㄲ, ㄸ, ㅃ, ㅆ, ㅉ], respectively.

낮잠 [낟짬]　　삼십 분 [삼십뿐]　　여행했습니다 [여행핻씀니다]

2. 잘 듣고 따라 해 보세요.

Listen carefully and repeat the following sentences.

6

(1) 지금 몇 시예요?

(2) 노래를 듣지 마세요.

(3) 콘서트에 가고 싶습니다.

(4) 다섯 시 이십 분이에요.

(5) 저녁을 먹었습니다.

(6) 사과 일곱 개 주세요.

2 주말에 뭐 했어요?
What did you do over the weekend?

어휘와 표현 Vocabulary and expressions

1 다음은 사람들이 자주 가는 장소예요. 그림에 맞는 어휘를 소리 내서 읽어 보세요.
The pictures illustrate places where people go often. Match the words with the pictures. Then read them aloud.

① 공원	② 마트	③ 시장	④ 약국
⑤ 카페	⑥ 대사관	⑦ 백화점	⑧ 영화관
⑨ 우체국	⑩ 편의점	⑪ 피시방	⑫ 지하철역

2 위의 그림을 보면서 어디에 가는지 친구와 묻고 대답해 보세요.
Look at the pictures above. Ask and answer questions about where people are going.

어디에 가요?

공원에 가요.

문법 Grammar

1 다음을 듣고 대화를 읽어 보세요. 리카는 토요일에 무엇을 했어요?

Listen and read the conversation. What did Rika do on Saturday?

7

A/V-았어요/었어요

A 공원에 사람이 많았어요?
B 네. 정말 많았어요.

A 주말에 친구를 만났어요?
B 아니요. 집에서 쉬었어요.

A 어제 저녁에 뭐 했어요?
B 책을 읽었어요.

A 일요일에 공부했어요?
B 아니요. 공부 안 했어요.

'-았어요/었어요'는 형용사, 동사, '이다'에 붙어 과거에 일어난 일이나 상태를 말할 때 사용한다.
-았어요/었어요 is attached to an adjective, a verb, or 이다 to describe things or states that have happened in the past.

ㅏ, ㅗ + 았어요
ㅏ, ㅗ 외의 모음 + 었어요

하다 → 했어요
이다 → 이었어요/였어요

2 질문에 알맞은 대답을 찾아 써 보세요. 그리고 맞는지 들어 보세요.

Match the questions and answers. Then listen to check your answers.

8

(1) 이메일을 썼어요? ⓐ
(2) 언제 한국에 왔어요? ______
(3) 이번 시험이 어려웠어요? ______
(4) 아침에 커피를 마셨어요? ______
(5) 어제 저녁에 뭘 먹었어요? ______

ⓐ 아니요. 안 썼어요.
ⓑ 네. 커피를 마셨어요.
ⓒ 지난달에 한국에 왔어요.
ⓓ 아니요. 시험이 쉬웠어요.
ⓔ 불고기를 먹었어요. 맛있었어요.

3 사람들이 어제 무엇을 했는지 말해 보세요.

Ask and answer questions about what these people did yesterday.

(1) 타나펀 - 고향 음식을 만들다

(2) 레아 - 친구를 만나다

(3) 샤오동 - 산책하다

(4) 리카 - 영화를 보다

(5) 다니엘 - 빵과 우유를 사다

(6) 브루나 - 인터넷을 하다

A 타나펀은 어제 뭐 했어요?

B 친구 집에 갔어요. 그리고 고향 음식을 만들었어요.

4 어제 수업 후에 한 일에 대해 친구들과 묻고 대답해 보세요. 그리고 친구들의 대답을 써 보세요.

Ask your classmates about what they did after class yesterday. Then write their answers in the chart.

A 제이슨 씨, 어제 수업 후에 뭐 했어요?

B 점심을 먹었어요. 그리고 한국어 숙제를 했어요.

이름	어제 수업 후에 뭐 했어요?
제이슨	점심을 먹었어요. 그리고 한국어 숙제를 했어요.

읽고 말하기 Reading and speaking

1 다음 그림을 보세요. 리카가 지난 주말에 무엇을 했는지 말해 보세요.
Look at the picture. Talk about what Rika did last weekend.

10월 23일 토요일

오늘은 타나펀과 약속이 있었습니다. 그래서 외출 준비를 했습니다. 오후 3시에 타나펀을 만났습니다. 타나펀과 저는 한국 노래를 정말 좋아합니다. 그래서 콘서트에 가고 싶었습니다. 우리는 지난달에 콘서트 표를 예매했습니다. 오후 5시에 콘서트장에 갔습니다. 콘서트는 6시에 시작했습니다. 노래가 아주 좋았습니다. 그리고 가수가 멋있었습니다. 콘서트 후에 타나펀과 같이 저녁을 먹었습니다. 그리고 집에 왔습니다. 오늘 정말 행복했습니다. 다음에 또 콘서트에 가고 싶습니다.

2 위의 글은 리카가 지난 주말에 한 일에 대한 내용이에요. 읽고 답해 보세요.
The passage above is about what Rika did last weekend. Read and answer the questions.

(1) 지난 주말에 한 일을 순서에 맞게 빈칸에 써 보세요.
Write in the blanks what Rika did last weekend in order.

외출 준비를 했습니다. → ① ______ → ② ______

→ 콘서트를 봤습니다. → ③ ______ → 집에 왔습니다.

(2) 읽은 내용과 같으면 ○, 다르면 ×로 표시해 보세요.
Mark ○ if it is true, × if it is false.

① 저는 한국 노래를 잘합니다. (　　　)
② 저는 10월 23일에 표를 예매했습니다. (　　　)
③ 가수가 멋있었습니다. 그리고 노래가 좋았습니다. (　　　)

+ 더 알아보기

N과/와, N하고, N이랑/랑

명사에 붙어 누구와 함께 어떤 행위를 함을 나타낼 때 사용한다. '하고'와 '이랑/랑'은 주로 말할 때 사용한다.
과/와 is attached to a noun to indicate doing an action with someone. 하고 and 이랑/랑 are usually used in spoken language.

예) 다니엘과 영화를 봤어요.
친구와 오세요.
언니하고 산책했어요.
선생님하고 이야기해요.
타나펀이랑 갔어요?
리카랑 갔어요.

3 역할극을 해 보세요.

Do a roleplay.

(1) 제이슨과 타나펀이 주말에 한 일에 대해 이야기하고 있어요. 여러분이 제이슨과 타나펀이 되어 대화해 보세요.

Jason and Thanaporn are talking about what they did over the weekend. Roleplay as Jason and Thanporn.

제이슨

타나펀에게 주말에 누구와 무엇을 했는지 물어보세요.

Ask Thanaporn what she did over the weekend and who she did it with.

타나펀

주말에 한 일에 대해 제이슨의 질문에 대답해 보세요.

Answer Jason's questions about last weekend.

주말 잘 보냈어요? → 누구하고 같이 갔어요? → 거기에서 뭐 했어요?

기능 표현 같이 간 사람에 대해 묻고 답하기 Asking and answering about the person you went with

A 누구하고 같이 갔어요? / 누구랑 갔어요?

B 친구하고 갔어요. / 동생이랑 같이 갔어요. / 혼자 갔어요.

제이슨	타나펀 씨, 주말 잘 보냈어요?
타나펀	네. 잘 보냈어요. 토요일에 홍대 앞에 갔어요.
제이슨	홍대요? 누구하고 같이 갔어요?
타나펀	지난주에 친구가 한국에 왔어요. 그래서 친구랑 갔어요.
제이슨	그래요? 거기에서 뭐 했어요?
타나펀	홍대 거리를 구경했어요. 그리고 저녁에 삼겹살을 먹었어요. 정말 좋았어요.

(2) 여러분이 지난 주말에 한 일에 대해 대화해 보세요.

Talk about what you did last weekend.

3 제주도에서 수영을 했어요
I went swimming in Jeju Island

문법 Grammar

1 다음을 읽어 보세요. 어디에서 공연을 봤습니까?
Read the following. Where did the person see the performance?

저는 주말에 친구하고 같이 한옥 마을에 갔습니다. 한옥 마을에서 한국 전통 공연을 봤습니다. 저는 한국 문화를 좋아합니다. 그래서 아주 재미있었습니다.

N에서

A 지금 뭐 해요?
B 식당에서 저녁을 먹어요.

A 시장에서 과일을 샀어요?
B 아니요. 마트에서 샀어요.

A 보통 어디에서 책을 읽어요?
B 도서관에서 책을 읽어요.

A 어제 어디에서 친구를 만났어요?
B 학교 앞 카페에서 만났어요.

'에서'는 장소를 나타내는 명사에 붙어 어떤 행동이 일어나는 장소임을 나타낼 때 사용한다.
에서 is attached to a noun that indicates a place and is used to tell where an action takes place.

2 질문에 알맞은 대답을 찾아 써 보세요. 그리고 맞는지 들어 보세요.
Match the questions and answers. Then listen to check your answers.

9

(1) 어디에서 운동해요? ⓑ
(2) 마트에서 뭘 샀어요? ______
(3) 우리 어디에서 만나요? ______
(4) 수업 후에 어디에 가요? ______
(5) 토요일에 뭐 하고 싶어요? ______

ⓐ 지하철역 앞에서 만나요.
ⓑ 매일 공원에서 운동해요.
ⓒ 과일하고 라면을 샀어요.
ⓓ 영화관에서 영화를 보고 싶어요.
ⓔ 피시방에 가요. 피시방에서 게임을 해요.

3 다음을 보고 '에서'를 사용해서 빈칸에 써 보세요.

Look at the following pictures and write in the blanks using 에서.

(1)

A 수업 후에 어디에 가요?

B 편의점에 가요. 편의점에서 김밥을 먹어요.

(2)

A 샤오둥은 지금 뭐 해요?

B ________________ 책을 사요.

(3)

A 샤니는 어디에서 친구를 만났어요?

B ________________ 친구를 만났어요.

(4)

A 브루나 씨 언니는 어디에서 일해요?

B 우리 언니는 ________________ 일해요.

(5)

A 집에서 한국어를 공부해요?

B 아니요. ________________ 한국어를 공부해요.

4 보통 어디에서 점심을 먹는지, 어디에서 숙제를 하는지 친구들과 묻고 대답해 보세요. 그리고 친구들의 대답을 써 보세요.

Ask your classmates about where they usually have lunch and do homework. Then write their answers in the chart.

제이슨 씨, 어디에서 점심을 먹어요?

학생 식당에서 점심을 먹어요.

어디에서 숙제를 해요?

도서관에서 숙제를 해요.

이름	어디에서 점심을 먹어요?	어디에서 숙제를 해요?
제이슨	학생 식당에서 점심을 먹어요.	도서관에서 숙제를 해요.

듣고 말하기 Listening and speaking

1 **다음은 여행지에서 할 수 있는 활동이에요. 어디에서 무엇을 하고 싶은지 말해 보세요.**

Below are activities that you can do at different travel sites. Talk about where you want to go and what you want to do.

2 **다니엘과 브루나의 대화예요. 잘 듣고 물음에 답해 보세요.**

Listen to the conversation between Daniel and Bruna and answer the questions.

10

(1) 브루나가 주말에 어디로 여행 갔는지 골라 보세요.

Choose where Bruna traveled over the weekend.

① 

② 

③ 

(2) 다니엘의 주말여행에 대해 맞지 않는 것을 골라 보세요.

Choose the false statement about Daniel's weekend trip.

① 토요일에 캠핑했어요. ② 친구하고 같이 갔어요. ③ 캠핑이 재미있었어요.

3 **지유와 레아의 대화예요. 잘 듣고 물음에 답해 보세요.**

Listen to the conversation between Jiyu and Léa and answer the questions.

11

(1) 레아의 여행에 대해 들은 내용과 같으면 ○, 다르면 ×로 표시해 보세요.

Mark ○ if it is true about Léa's trip, × if it is false.

① 부산을 여행했어요. (　　　) ② 해산물을 먹었어요. (　　　)

③ 토요일에 서울에 왔어요. (　　　)

(2) 레아는 왜 수영을 안 했어요?

Why did Léa not swim?

4 여러분 나라의 주말 여행지에 대해 사진을 보여 주면서 이야기해 보세요.

Talk about your country's weekend travel sites by showing pictures.

(1) 여러분이 소개하고 싶은 주말 여행지에 대해 써 보세요.
Write in the chart a place you would like to introduce for traveling on weekends.

이름	그 여행지는 어디예요?	거기에 왜 가요?	거기에서 뭐 해요?
지유	춘천이에요.	호수가 아름다워요.	호숫가를 산책해요. 닭갈비를 먹어요.
나 ________			
친구 ________			

(2) 친구와 소개하는 싶은 주말 여행지의 사진을 서로에게 보여 주면서 그 여행지에 대해 묻고 대답해 보세요. 그리고 친구의 대답을 (1)에 써 보세요. Talk about the travel sites you and your partner want to introduce by showing pictures to each other. Then write your partner's answers in the chart above.

A 그 여행지는 어디예요?
B 춘천이에요.
A 거기에 왜 가요?
B 호수가 아름다워요. 그래서 사람들이 많이 가요.
A 거기에서 뭐 해요?
B 호숫가를 산책해요. 그리고 닭갈비를 먹어요.

(3) 3~4명씩 모이세요. (2)에서 소개받은 주말 여행지의 사진을 보여 주면서 그 여행지에 대해 묻고 대답해 보세요.
In groups of three to four, talk about the travel sites you introduced in (2) by showing pictures.

그 여행지는 어디예요?

거기에 왜 가요?

거기에서 뭐 해요?

(4) 팀에서 가장 가고 싶은 여행지를 선택해서 발표해 보세요.
Choose the travel site your group members want to visit the most and present it to the class.

> 한국의 춘천을 소개합니다. 춘천에 호수가 있습니다. 호수가 아름답습니다. 그래서 사람들이 많이 갑니다. 거기에서 호숫가를 산책합니다. …… 우리는 춘천에 가고 싶습니다.

읽고 쓰기 Reading and writing

1 다음 사진을 보세요. 샤오동이 어디에 갔는지, 거기에서 무엇을 했는지 말해 보세요.

Look at the pictures. Talk about where Xiaodong went and what he did there.

제주도에서

지난 주말에 친구와 제주도에 갔습니다. 우리는 금요일부터 일요일까지 제주도를 여행했습니다. (Ⓐ) 저는 제주도 바다를 보고 싶었습니다. (Ⓑ) 바다에서 수영을 했습니다. (Ⓒ) 그리고 바닷가를 산책했습니다. 바닷가에서 돌고래를 봤습니다. 저녁에 바닷가 옆 식당에서 식사를 했습니다. 다음 날 우리는 한라산에 올라갔습니다. 한라산에서 사진을 많이 찍었습니다. 그리고 기념품을 샀습니다. 친구는 기념품을 사지 않았습니다. 밤 9시쯤 서울에 왔습니다. 제주도 여행은 재미있었습니다. 그렇지만 조금 힘들었습니다.

2 위의 글은 여행 경험에 대한 내용이에요. 읽고 답해 보세요.

The passage above is about a travel experience at Jeju Island. Read and answer the questions.

(1) 다음 그림을 보고 제주도에서 무엇을 했는지 순서대로 번호를 써 보세요.

Look at the following pictures and write the numbers in chronological order.

①  (   )

② 

(   )

③  (   )

(2) 읽은 내용과 같으면 ○, 다르면 ×로 표시해 보세요. Mark ○ if it is true, × if it is false.

① 금요일에 제주도에 갔습니다. (   )

② 저녁 식사 후에 돌고래를 구경했습니다. (   )

③ 친구와 저는 기념품을 샀습니다. (   )

(3) 다음 문장이 들어갈 알맞은 곳을 골라 보세요.

Choose the appropriate place for the following sentence.

> 그래서 우리는 먼저 바다에 갔습니다.

① Ⓐ ② Ⓑ ③ Ⓒ

+ 더 알아보기

A/V-지 않다

형용사, 동사에 붙어 어떤 행위 및 상태를 부정할 때 사용한다. 'A/V-지 않다'는 '안 A/V'로 바꿔 쓸 수 있다.

It is attached to an adjective or a verb to deny certain actions and states. It can be used as 안 A/V.

예) 한국어가 어렵지 않습니다.
어제 친구를 만나지 않았어요.

3 여러분의 주말여행 경험에 대한 글을 써 보세요.

Write about your weekend trip experience.

(1) 다음 질문을 보고 메모해 보세요.

Write a note about the following questions.

언제, 어디에, 누구와 같이 갔습니까?	
거기에서 무엇을 했습니까?	
여행이 어땠습니까?	

(2) 위의 메모를 바탕으로 기억에 남는 주말여행 경험에 대한 글을 써 보세요.

Based on the notes above, write about your weekend trip experience.

준비하기

- 다음은 삼다수와 한라봉이에요. 삼다수에는 왜 제주도 사진이 있을까요? 한라봉은 왜 이름이 한라봉일까요?
  Below are pictures of Samdasoo and Hallabong. Why does Jeju Island appear in the bottle of Samdasoo? Where do you think the name Hallabong originated?

알아보기

- 제주도에 바람, 돌, 여자, 세 가지가 많았다고 해요. 그래서 제주도를 '삼다도'라고도 불러요.
  Three things symbolize Jeju Island because of their prevalence: wind, stone, and women. It is why Jeju Island is also called Samdado.

- 제주도 중앙에는 한라산이 있어요. 한라산 봉우리의 모양과 한라봉의 꼭지 모양이 비슷해요.
  Mt. Halla is located at the center of Jeju Island. The shape of its peak is similar to that of Hallabong.

생각해 보기

- 제주도 사진이나 영상을 찾아보고 제주도의 다른 이름을 만들어 보세요.
  Find more pictures or videos of Jeju Island and create another name for the Island.

- 제주도에서 해 봤거나 해 보고 싶은 일에 대해서 이야기해 보세요.
  Talk about any activity you have done or want to do in Jeju Island.

어휘와 표현 확인

Vocabulary and expressions check

의미를 아는 어휘나 표현에 √표 해 보세요.

Check(√) the vocabulary or expressions that you know.

1 토요일에 회사에 안 가요

- □ 빨래하다 to do the laundry
- □ 산책하다 to take a walk
- □ 쇼핑하다 to go shopping
- □ 외식하다 to eat out
- □ 청소하다 to clean
- □ 인터넷을 하다 to use the internet
- □ 낮잠을 자다 to take a nap
- □ 여행을 가다 to go on a trip
- □ 영화를 보다 to see a movie
- □ 자전거를 타다 to ride a bicycle
- □ 집에서 쉬다 to rest at home
- □ 콘서트에 가다 to go to a concert
- □ 주말 weekend
- □ 평일 weekday
- □ 혹시 perhaps
- □ 맵다 to be spicy
- □ 외출하다 to go out
- □ 한강 공원 Han river park
- □ 거기에서 at there

2 주말에 뭐 했어요?

- □ 공원 park
- □ 마트 grocery store
- □ 시장 market
- □ 약국 pharmacy
- □ 카페 coffee shop
- □ 대사관 embassy
- □ 백화점 department store
- □ 영화관 movie theater
- □ 우체국 post office
- □ 편의점 convenience store
- □ 피시방 PC room
- □ 지하철역 subway station
- □ 지난달 last month
- □ 어렵다 to be difficult
- □ 쉽다 to be easy
- □ 약속 promise
- □ 준비 preparation
- □ 콘서트 표 concert ticket
- □ 콘서트장 concert hall
- □ 행복하다 to be happy
- □ 잘하다 to be good at
- □ 혼자 alone
- □ 지난주 last week
- □ 거리 street
- □ 구경하다 to look around
- □ 삼겹살 pork belly

3 제주도에서 수영을 했어요

- □ 한옥 마을 Hanok village
- □ 전통 공연 traditional performance
- □ 캠핑하다 to go camping
- □ 놀이공원 amusement park
- □ 놀이 기구를 타다 to go on the rides
- □ 어떻게 how
- □ 여행하다 to travel
- □ 해산물 seafood
- □ 아름답다 to be beautiful
- □ 춘천 Chuncheon
- □ 호숫가 lakeside
- □ 닭갈비 spicy stir-fried chicken
- □ 제주도 Jeju Island
- □ 바다 sea
- □ 돌고래 dolphin
- □ 다음 날 next day
- □ 한라산 Mt. Halla
- □ 기념품 souvenir
- □ 쯤 around
- □ 먼저 first, before

8 단원 Unit

취미
Hobbies

1

2

3

다음 표현에 알맞은 사진을 찾아서 번호를 써 보세요.

Match the expressions with the pictures and write the number in the box.

- ☐ 취미가 요리예요.
- ☐ 노래 동아리를 했어요.
- ☐ 운동을 잘 못해요.

1 등산을 하고 있어요

I'm climbing a mountain

어휘와 표현 Vocabulary and expressions

1 **다음은 사람들의 취미 활동이에요. 표현을 소리 내서 읽어 보세요.**

The picture illustrates hobbies. Read the expressions aloud.

2 **위의 그림에서 여러분의 취미를 골라 √표 해 보세요. 그리고 여러분의 취미에 대해 친구와 묻고 대답해 보세요.** Choose your hobbies from the picture above and check(√) the box. Then ask and answer questions about hobbies.

> 취미가 뭐예요?
>
> 저는 등산을 좋아해요. 그래서 등산을 해요.

문법 Grammar

1 대화를 듣고 다음 질문에 알맞은 답을 골라 보세요.

Listen to the conversations. Then choose the correct answer to each question.

12

(1) 지금 뭐 해요?

(2) 취미가 뭐예요?

V-고 있다

A 샤오동 씨, 지금 뭐 해요?
B 지갑을 찾고 있어요.

A 이거 제이슨 씨 기타예요?
B 네. 제가 요즘 기타를 배우고 있어요.

A 샤니 씨, 뭘 읽고 있어요?
B 소설책을 읽고 있어요.

A 리카 씨는 어디에서 살아요?
B 학교 기숙사에서 살고 있어요.

'-고 있다'는 동사에 붙어 어떤 동작이 진행됨을 나타낸다. 지금 하고 있는 일이나 요즘 하고 있는 일을 설명할 때 사용한다.

-고 있다 is attached to a verb to indicate that an action is in progress. It is used to explain what people are doing now or what they are doing these days.

2 질문에 알맞은 대답을 찾아 써 보세요. 그리고 맞는지 들어 보세요.

Match the questions and answers. Then listen to check your answers.

13

(1) 동생은 어디에서 살아요? ___ⓒ___
(2) 다니엘 씨는 무슨 일을 합니까? ______
(3) 타나펀 씨는 지금 방에 있어요? ______
(4) 여보세요. 세이슨 씨, 식사했어요? ______
(5) 브루나 씨는 지금 숙제하고 있어요? ______

ⓐ 지금 밥을 먹고 있어요.
ⓑ 네. 방에서 음악을 듣고 있어요.
ⓒ 부모님과 미국에서 살고 있어요.
ⓓ 컴퓨터 회사에 다니고 있습니다.
ⓔ 아니요. 브루나 씨는 책을 읽고 있어요.

3 교실에서 사람들이 지금 무엇을 하고 있는지 말해 보세요.

Ask and answer questions about what people are doing in the classroom.

A 샤니 씨는 지금 뭐 하고 있어요?

B 창문을 열고 있어요.

4 요즘 하고 있는 것에 대해 친구들과 묻고 대답해 보세요. 그리고 친구들의 대답을 써 보세요.

Ask your classmates about what they are doing these days. Then write their answers in the chart.

A 타나펀 씨, 요즘 수업 후에 뭐 해요?

B 저는 춤을 배우고 있어요.

이름	요즘 뭐 하고 있어요?
타나펀	춤을 배우고 있어요.

듣고 말하기 Listening and speaking

1 **다음은 사람들의 취미예요. 사람들이 무엇을 하고 있는지 말해 보세요.**
Below are pictures of people's hobbies. Talk about what people are doing.

2 **잘 듣고 물음에 답해 보세요.**
Listen carefully and answer the questions.

14

(1) 제이슨과 타나펀의 대화예요. 타나펀이 지금 무엇을 하고 있는지 골라 보세요.
Listen to the conversation between Jason and Thanaporn. Choose what Thanaporn is doing now.

①

②

③

(2) 레아와 샤오동의 대화예요. 들은 내용과 같으면 ○, 다르면 ×로 표시해 보세요.
Listen to the conversation between Léa and Xiaodong. Mark ○ if it is true, × if it is false.

① 샤오동은 빵과 케이크를 샀어요. ( )
② 샤오동은 요즘 한국 전통 요리를 배우고 있어요. ( )
③ 레아는 토요일에 친구들과 산에 가요. ( )

3 **서준과 타나펀의 대화예요. 잘 듣고 물음에 답해 보세요.**
Listen to the conversation between Seojun and Thanaporn and answer the questions.

15

(1) 타나펀에 대해 맞는 것을 골라 보세요.
Choose the true statement about Thanporn.

① 피아노 음악을 듣고 싶었어요.
② 일주일에 두 번 피아노를 배워요.
③ 학교에서 피아노를 쳐요.

(2) 서준은 취미가 뭐예요? What is Seojun's hobby?

4 다음과 같이 취미에 대해 대화해 보세요.

Practice this conversation about hobbies by using the words provided below.

제이슨 취미가 뭐예요?

샤니 저는 책을 좋아해요. 그래서 보통 책을 읽어요.

제이슨 무슨 책을 좋아해요?

샤니 소설책요. 그래서 요즘 소설책을 읽고 있어요. 제이슨 씨는요?

제이슨 저는 운동을 좋아해요. 요즘 운동을 하고 있어요.

(1) 책, 책을 읽다
소설책, 소설책을 읽다
운동, 운동을 하다

(2) 요리, 요리를 하다
한국 음식, 한국 음식을 만들다
춤, 춤을 배우다

(3) 영화, 영화를 보다
코미디 영화, 코미디 영화를 보다
그림, 그림을 그리다

(4) ______
______
______
______

발음 Pronunciation

1. 잘 듣고 맞는 것에 ✓표 해 보세요.

Listen carefully and check(✓) the box with the correct answer.

16

(1) 여덟 [□ 여덜, □ 여덥]

(2) 읽다 [□ 일따, □ 익따]

(3) 없습니다 [□ 언씁니다, □ 업씁니다]

(4) 앉으세요 [□ 아느세요, □ 안즈세요]

겹받침 Double final consonants

겹받침은 문장의 마지막 또는 자음 앞에서 둘 중 하나의 자음만 발음한다. 'ㄵ, ㄺ, ㄼ, ㅄ'은 [ㄴ], [ㄱ], [ㄹ], [ㅂ]으로 발음한다. 단 'ㄺ'은 'ㄱ' 앞에서 [ㄹ]로 발음한다.

Only one of the double final consonants is pronounced when it appears at the end of a sentence or before a consonant. ㄵ, ㄺ, ㄼ, ㅄ is pronounced as [ㄴ], [ㄱ], [ㄹ], [ㅂ]. However, ㄺ is pronounced as [ㄹ] in front of ㄱ.

앉다 [안따] 읽지 [익찌] 여덟 [여덜] 없고 [업꼬] 읽고 [일꼬]

겹받침 뒤에 모음이 오면 뒤의 받침만을 뒤 음절 첫소리로 옮겨 발음한다.

When a vowel comes after the double final consonant, only the second consonant among the double final consonants is transferred to the first sound of the following syllable and pronounced with a vowel.

앉아요 [안자요] 읽으세요 [일그세요] 넓어요 [널버요] 없어요 [업써요]

2. 잘 듣고 따라 해 보세요.

Listen carefully and repeat the following sentences.

17

(1) 앉지 마세요.

(2) 무엇을 읽습니까?

(3) 여덟 시에 일어나요.

(4) 의자에 앉았어요.

(5) 저는 책을 읽고 있습니다.

(6) 교실에 컴퓨터가 없었어요.

2 태권도를 할 수 있어요?
Can you do Taekwondo?

어휘와 표현 Vocabulary and expressions

1 **다음은 사람들이 즐기는 운동이에요. 그림에 맞는 표현을 소리 내서 읽어 보세요.**
The pictures illustrate various sports. Match the expressions with the pictures. Then read them aloud.

1

2

3

4

5

6

7

8

9

10

11

12

① 농구를 해요	② 야구를 해요	③ 축구를 해요	④ 수영을 해요
⑤ 요가를 해요	⑥ 조깅을 해요	⑦ 태권도를 해요	⑧ 골프를 쳐요
⑨ 탁구를 쳐요	⑩ 테니스를 쳐요	⑪ 스키를 타요	⑫ 스노보드를 타요

2 **위의 그림을 보면서 여러분이 이 운동을 좋아하는지, 안 좋아하는지 친구와 묻고 대답해 보세요.**
Look at the pictures above. Ask and answer questions about whether you like each sport.

농구를 좋아해요?

네. 좋아해요. 그래서 주말에 농구를 해요.

문법 Grammar

1 다음을 듣고 대화를 읽어 보세요. 리카는 무슨 운동을 해요?
Listen and read the conversation. What sport does Rika do?

18

V-을 수 있다/ㄹ 수 있다

A 콘서트장에서 사진을 찍을 수 있어요?
B 아니요. 찍을 수 없어요.

A 리카 씨는 중국어를 할 수 있어요?
B 아니요. 할 수 없어요.

A 내일 학교에 일찍 올 수 있어요?
B 네. 일찍 올 수 있어요. 몇 시에 와요?

A 떡볶이를 만들 수 있어요?
B 네. 만들 수 있어요.

'-을 수 있다/ㄹ 수 있다'는 동사에 붙어 어떤 일을 할 수 있는 능력이 있거나 어떤 상황이나 일이 가능함을 말할 때 사용한다. 부정형은 'V-을 수 없다/ㄹ 수 없다'이다.
-을 수 있다/ㄹ 수 있다 is attached to a verb to indicate that the subject is capable of doing something or that a certain event is possible. The negative form is V-을 수 없다/ㄹ 수 없다.

받침 ○ + 을 수 있다

받침 ×, ㄹ + ㄹ 수 있다

2 질문에 알맞은 대답을 찾아 써 보세요. 그리고 맞는지 들어 보세요.
Match the questions and answers. Then listen to check your answers.

19

(1) 지갑을 찾았어요? ⓑ
(2) 내일 만날 수 있어요? ______
(3) 지금 쇼핑할 수 있어요? ______
(4) 테니스를 칠 수 있어요? ______
(5) 한국 신문을 읽을 수 있어요? ______

ⓐ 네. 시간이 있어요. 내일 만나요.
ⓑ 아니요. 지갑을 찾을 수 없었어요.
ⓒ 네. 칠 수 있어요. 테니스를 배웠어요.
ⓓ 아니요. 읽을 수 없어요. 너무 어려워요.
ⓔ 백화점 문을 안 열었어요. 쇼핑할 수 없어요.

3 사람들이 무엇을 할 수 있고 무엇을 할 수 없는지 말해 보세요.

Ask and answer questions about what people can or cannot do.

(1) 타나펀 - 피아노를 치다

(2) 샤니 - 자전거를 타다

(3) 리카 - 케이크를 만들다

(4) 제이슨 - 김치찌개를 먹다

(5) 샤오동 - 게임을 하다

(6) 다니엘 - 전화를 받다

A 타나펀은 피아노를 칠 수 있어요?

B 네. 칠 수 있어요.

4 할 수 있는 것과 할 수 없는 것에 대해 친구와 묻고 대답해 보세요. 그리고 묻고 답한 내용을 써 보세요.

Ask your partner about what he/she can or cannot do. Then write your questions and his/her answers in the chart.

A 레아 씨, 운전을 할 수 있어요?

B 네. 할 수 있어요.

질문	대답
운전을 할 수 있어요?	
테니스를 칠 수 있어요?	
한국 노래를 부를 수 있어요?	

읽고 말하기 Reading and speaking

1 **다음 사진을 보세요. 이 사람이 무엇을 하고 있는지 말해 보세요.**
Look at the picture. Talk about what this person is doing.

이화태권도에 오세요!

EWHA TAEKWONDO

태권도를 배우고 싶습니까? 태권도를 처음 합니까? 괜찮습니다. 이화태권도에서 태권도를 처음부터 배울 수 있습니다. 그리고 한 달에 한 번, 태권도 경기장에 갑니다. 태권도 경기를 직접 봅니다. 이화태권도는 여러분을 기다리고 있습니다.

오전반, 오후반, 주말 반이 모두 있습니다.
아래에서 요일을 고를 수 있습니다.

오전반	월, 수, 금	10:00~12:00	100,000원/1달
오후반	화, 목	17:00~19:00	70,000원/1달
주말 반	토	14:00~16:00	40,000원/1달

지금 이화태권도 홈페이지에 들어오세요.
홈페이지에서 다음 달 수업을 신청하세요.

www.ewha_tkd.com 02-3277-0099
서울특별시 서대문구 이화로 16, 201호

2 **위의 글은 수강생을 모집하는 내용이에요. 읽고 답해 보세요.**
The advertisement above is about recruiting students. Read and answer the questions.

(1) 이화태권도에 대한 설명으로 맞는 것을 골라 보세요. Choose the true statement about Ewha Taekwondo.

① 한 달에 한 번 태권도 경기장에서 경기를 합니다.
② 토요일과 일요일에 태권도를 배울 수 있습니다.
③ 홈페이지에서 다음 달 수업을 신청할 수 있습니다.

(2) 잘못된 부분을 찾아서 올바른 내용으로 고쳐 보세요. Find the incorrect part and rewrite the sentence.

① 월요일은 오후에 수업이 있습니다. → ____________________

② 화요일, 목요일 수업은 오전 다섯 시에 시작합니다. → ____________________

③ 토요일 수업료는 한 달에 칠만 원입니다. → ____________________

3 역할극을 해 보세요.

Do a roleplay.

(1) 샤오동과 브루나가 요즘 하는 운동에 대해 이야기하고 있어요. 여러분이 샤오동과 브루나가 되어 대화해 보세요.
Xiaodong and Bruna are talking about sports they are doing these days. Roleplay as Xiaodong and Bruna.

샤오동

브루나에게 요즘 무슨 운동을 하는지, 그 운동을 잘하는지, 언제 하는지 물어보세요.

Ask Bruna what sport she does these days, whether she is good at it, and when she does it.

브루나

요즘 하는 태권도에 대해서 샤오동의 질문에 대답해 보세요.

Answer Xiaodong's questions about doing Taekwondo these days.

요즘 무슨 운동을 해요? → 태권도를 잘해요? → 태권도를 언제 해요?

기능 표현 잘하는 정도 묻고 답하기 Asking and answering questions about how well you do

A 태권도를 잘해요? / 태권도를 할 수 있어요?

B 네. 잘할 수 있어요. / 네. 조금 할 수 있어요. / 아니요. 잘 못해요. / 아니요. 태권도를 못해요. / 아니요. 태권도를 할 수 없어요.

샤오동	브루나 씨, 요즘 무슨 운동을 해요?
브루나	요즘 태권도를 배우고 있어요. 두 달 전에 시작했어요.
샤오동	정말요? 태권도를 잘해요?
브루나	아니요. 아직 잘 못해요. 조금 할 수 있어요.
샤오동	태권도를 언제 해요?
브루나	화요일하고 목요일에 태권도장에 가요.

(2) 여러분이 요즘 하는 운동에 대해 대화해 보세요.
Talk about a sport you do these days.

3 동아리에서 공연도 했어요
I performed in my club

문법 Grammar

1 다음을 읽어 보세요. 동아리에서 무엇을 해요?
Read the following. What does the person do in the club?

저는 사진 동아리를 하고 있습니다. 친구들과 같이 사진을 찍습니다. 영상도 찍습니다. 동아리가 재미있습니다.

N도, N만

A 다니엘 씨는 형이 있어요?
B 네. 형이 있어요. 그리고 동생도 있어요.

A 방에 책상과 침대가 있어요?
B 책상만 있어요. 침대는 없어요.

A 운동 동아리에서 뭐 해요?
B 축구를 해요. 그리고 농구도 해요.

A 리카 씨, 한국 음식을 만들 수 있어요?
B 저는 김치볶음밥만 만들 수 있어요.

'도'는 명사에 붙어 어떤 것이 다른 것과 마찬가지임을 나타내거나 어떤 것 외에 유사한 것이 있음을 나타낼 때 사용한다.
'만'은 명사에 붙어 오직 그것만 선택함을 나타낼 때 사용한다.
도 is attached to a noun to indicate that something is the same as another, or that there is something else that is similar.
만 is attached to a noun to indicate that it is the only choice.

2 질문에 알맞은 대답을 찾아 써 보세요. 그리고 맞는지 들어 보세요.
Match the questions and answers. Then listen to check your answers.

20

(1) 이 건물 안에 식당이 있어요? ___ⓔ___
(2) 아이가 지금 뭐 하고 있어요? ______
(3) 친구들이 모두 모임에 왔어요? ______
(4) 스키와 스노보드를 탈 수 있어요? ______
(5) 어제 친구와 같이 저녁 먹었어요? ______

ⓐ 아니요. 레아만 안 왔어요.
ⓑ 아니요. 스키만 탈 수 있어요.
ⓒ 네. 그리고 친구랑 영화도 봤어요.
ⓓ 아이가 아침부터 게임만 하고 있어요.
ⓔ 네. 한식당이 있어요. 그리고 중식당도 있어요.

3 다음을 보고 '도', '만'을 사용해서 빈칸에 써 보세요.

Look at the following pictures and write in the blanks using 도 or 만.

(1)

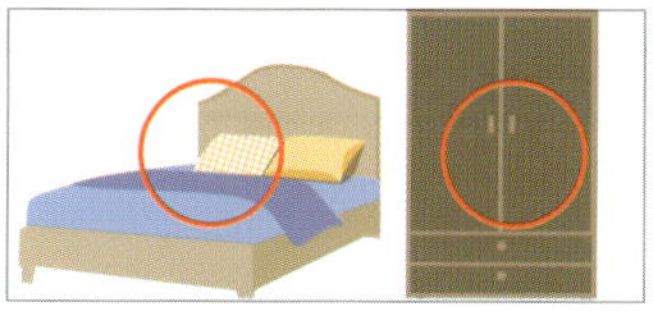

A 방에 뭐가 있어요?

B 침대가 있어요. 그리고 옷장도 있어요.

(2)

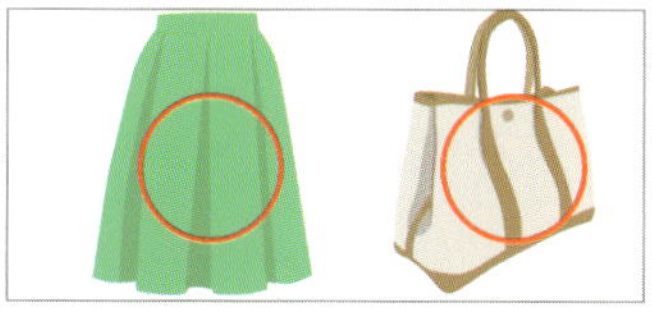

A 어제 백화점에서 뭘 샀어요?

B 치마를 샀어요. 그리고 ______________________.

(3)

A 이 식당은 뭐가 맛있어요?

B 비빔밥이 맛있어요. 그리고 ______________________.

(4)

A 여동생과 남동생이 있어요?

B 아니요. ______________________.

(5)

A 한국어와 영어를 모두 배워요?

B 아니요. ______________________.

4 반 친구들에 대해 친구와 묻고 대답해 보세요. 그리고 묻고 답한 내용을 써 보세요.

Ask your partner about his/her classmates. Then write your questions and his/her answers in the chart.

우리 반 친구들은 어느 나라 사람이에요?

리카는 일본 사람이에요. 유키도 일본 사람이에요.
타나펀만 태국 사람이에요.

질문	대답
어느 나라 사람이에요?	리카는 일본 사람이에요. 유키도 일본 사람이에요. 타나펀만 태국 사람이에요.
무슨 일을 해요?	
어디에서 살아요?	

듣고 말하기 Listening and speaking

1 다음은 동아리 안내문이에요. 동아리에서 무엇을 하는지 말해 보세요.
Below are posters introducing clubs. Talk about what the clubs engage in.

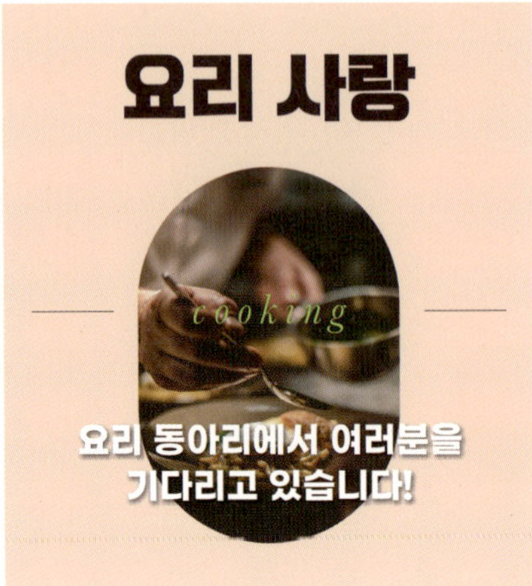

2 제이슨과 레아의 대화예요. 잘 듣고 물음에 답해 보세요.
Listen to the conversation between Jason and Léa and answer the questions.

21

(1) 레아는 무슨 동아리를 하고 싶어 하는지 골라 보세요.
Choose what club Léa wants to join.

① 등산 동아리　　② 여행 동아리　　③ 캠핑 동아리

(2) 제이슨에 대해 들은 내용과 같으면 ○, 다르면 ×로 표시해 보세요.
Mark ○ if it is true about Jason, × if it is false.

① 고향에서 산에 자주 갔어요. (　　　)　　② 지난주에 한라산에서 캠핑을 했어요. (　　　)

3 다니엘과 브루나의 대화예요. 잘 듣고 물음에 답해 보세요.
Listen to the conversation between Daniel and Bruna and answer the questions.

22

(1) 동아리에서 하는 활동으로 맞지 않는 것을 골라 보세요. Choose the false statement about club activities.

①

②

③

(2) 동아리는 보통 언제 모여요? When does the club hold its meetings?

4 여러분이 만들고 싶은 동아리에 대해 이야기해 보세요.

Talk about the club you want to set up.

(1) 여러분이 만들고 싶은 동아리에 대해 써 보세요. Write about a club you want to set up.

이름	무슨 동아리를 하고 싶어요?	왜 하고 싶어요?
샤오동	요리 동아리를 하고 싶어요.	한국 요리를 배우고 싶어요. 한국 음식도 먹고 싶어요.
나 ______		
친구1 ______		
친구2 ______		

(2) 친구들이 만들고 싶은 동아리에 대해 물어보고 친구들의 대답을 (1)에 써 보세요.
Ask your classmates about the club they want to set up and write their answers in the chart above.

A 무슨 동아리를 하고 싶어요?
B 요리 동아리를 하고 싶어요.
A 왜 그 동아리를 하고 싶어요?
B 한국 요리를 배우고 싶어요. 그리고 한국 음식도 먹고 싶어요.

(3) 같은 동아리를 만들고 싶은 친구들과 모이세요. 동아리 활동, 모임 시간과 장소를 함께 정해 보세요.
Get together with classmates who want to set up the same club and decide the club activities, meeting time and place.

어떤 동아리를 하고 싶어요?

동아리에서 뭘 할 수 있어요?

언제 모여요?

어디에서 모여요?

* ______ 동아리
* 활동:
* 시간:
* 장소:

(4) 팀에서 만든 동아리를 발표해 보세요.
Present your group's club to the class.

> 우리 동아리는 요리 동아리입니다. 우리 동아리에서 한국 요리를 배울 수 있습니다. 그리고 한국 음식도 먹을 수 있습니다. …… 여러분, 우리 동아리에 오세요.

읽고 쓰기 Reading and writing

1 다음 그림을 보세요. 타나펀은 동아리에서 어떤 활동을 하고 있는지 말해 보세요.
Look at the pictures. Talk about what kind of activities Thanaporn is doing in the club.

우리는 댄스 왕!

저는 춤을 좋아합니다. 그래서 케이 팝(K-pop) 댄스 동아리를 하고 있습니다. 동아리 이름은 '댄스 왕'입니다. 우리는 케이 팝 가수의 춤을 춥니다. (Ⓐ) 처음에 저만 춤을 잘 못 췄습니다. (Ⓑ) 그래서 친구들이 저를 많이 도와줬습니다. (Ⓒ) 우리는 화요일과 목요일 오후에 연습실에서 모입니다. 보통 3시부터 5시까지 연습합니다. 주말에 거리에서 공연을 합니다. 사람들이 우리 공연을 구경합니다. 그리고 사진도 찍습니다. 공연 후에 동아리 친구들과 같이 식사도 합니다. 우리 동아리는 정말 즐겁습니다.

2 위의 글은 타나펀의 동아리 활동에 대한 내용이에요. 읽고 답해 보세요.
The passage above is about Thanaporn's club activities. Read and answer the questions.

(1) 이 동아리에서 하는 활동으로 맞는 것을 골라 보세요. Choose the true statement about this club.

① 거리에서 케이 팝 댄스 공연을 합니다. ② 케이 팝 댄스를 구경합니다.

③ 케이 팝 댄스 사진을 찍습니다.

(2) 읽은 내용과 같으면 ○, 다르면 ×로 표시해 보세요.
Mark ○ if it is true, × if it is false.

① 저는 처음부터 춤을 잘 췄습니다. ( )

② 댄스 동아리는 일주일에 두 번 연습실에서 모입니다. ( )

③ 동아리 친구들은 주말에 공연 연습 후에 식사합니다. ( )

(3) 다음 문장이 들어갈 알맞은 곳을 골라 보세요.
Choose the appropriate place for the following sentence.

지금은 저도 춤을 잘 출 수 있습니다.

① Ⓐ ② Ⓑ ③ Ⓒ

+ 더 알아보기

못 V

동사에 붙어 어떤 일을 할 수 있는 능력이 없거나 일이 불가능함을 말할 때 사용한다. 'N하다'와 같은 동사와 함께 쓸 때는 'N 못 하다'의 형태로 쓴다.

못 is attached to a verb to indicate that someone is not capable of doing something, or it is impossible to do something. When used with verbs such as N하다, the form of N 못 하다 is used.

예) 저는 김치를 못 먹습니다.
오늘 동아리 모임에 못 갔어요.
어제 바빴어요. 그래서 숙제 못 했어요.

3 여러분의 동아리 활동에 대한 글을 써 보세요.

Write about your club activities.

(1) 다음 질문을 보고 메모해 보세요.

Write a note about the following questions.

무슨 동아리를 합니까?	
무슨 활동을 합니까?	
언제, 어디에서 모입니까?	
동아리 활동은 어떻습니까?	

(2) 위의 메모를 바탕으로 동아리 활동에 대한 글을 써 보세요.

Based on the notes above, write about your club activities.

문화 Culture | 서울의 산 Mountains in Seoul

준비하기

- 다음은 사람들이 즐겨 찾는 산이에요. 이 산은 어디에 있을까요?
  Here are mountains that people like to visit. Where are these mountains located?

알아보기

- 한국 사람들은 예전에 강이 있고 산으로 둘러싸인 곳을 살기 좋은 곳이라고 생각했어요. 14세기 말에 조선을 세우면서 수도를 새로 정할 때도 그런 곳을 수도로 정했어요.
  Koreans thought that an ideal living spot should have a river and be surrounded by mountains. When the Joseon dynasty was established at the end of the 14th century, the capital was chosen according to these geographical features.

- 서울은 600년 동안 수도로 이어져 오고 있어요. 서울에서는 높은 빌딩과 산을 함께 볼 수 있고 사람들은 서울에 있는 산을 즐겨 찾아요.
  Seoul has been the capital for 600 years. In Seoul, you can see both tall buildings and mountains, and people enjoy going to mountains in Seoul.

생각해 보기

- 사람들이 산을 찾는 이유에 대해 이야기해 보세요.
  Talk about why people go to mountains.

- 산에 갔던 경험이나 가고 싶은 산에 대해 이야기해 보세요.
  Talk about experiences of going to mountains or any mountains you want to go to.

어휘와 표현 확인
Vocabulary and expressions check

의미를 아는 어휘나 표현에 ✓표 해 보세요.
Check(✓) the vocabulary or expressions that you know.

1 등산을 하고 있어요

- ☐ 등산을 하다 — to climb a mountain
- ☐ 사진을 찍다 — to take a picture
- ☐ 기타를 치다 — to play the guitar
- ☐ 노래를 하다 — to sing a song
- ☐ 춤을 추다 — to dance
- ☐ 공연을 보다 — to watch a performance
- ☐ 빵을 만들다 — to make bread
- ☐ 소설책을 읽다 — to read a novel
- ☐ 게임을 하다 — to play games
- ☐ 영상을 보다 — to watch a video
- ☐ 헬스를 하다 — to work out at the gym
- ☐ 그림을 그리다 — to draw a picture
- ☐ 취미 — hobby
- ☐ 음악 — music
- ☐ 창문 — window
- ☐ 피아노 — piano
- ☐ 일주일 — a week
- ☐ 번 — time(s)
- ☐ 피아노를 치다 — to play the piano
- ☐ 동아리 — club
- ☐ 그동안 — in the meantime
- ☐ 코미디 영화 — comedy film

2 태권도를 할 수 있어요?

- ☐ 농구를 하다 — to play basketball
- ☐ 야구를 하다 — to play baseball
- ☐ 축구를 하다 — to play soccer
- ☐ 수영을 하다 — to swim
- ☐ 요가를 하다 — to do yoga
- ☐ 조깅을 하다 — to go jogging
- ☐ 태권도를 하다 — to do taekwondo
- ☐ 골프를 치다 — to play golf
- ☐ 탁구를 치다 — to play table tennis
- ☐ 테니스를 치다 — to play tennis
- ☐ 스키를 타다 — to go skiing
- ☐ 스노보드를 타다 — to go snowboarding
- ☐ 년 — year
- ☐ 전 — ago
- ☐ 신문 — newspaper
- ☐ 전화를 받다 — to answer the phone
- ☐ 운전 — driving
- ☐ 노래를 부르다 — to sing a song
- ☐ 처음 — beginning
- ☐ 경기장 — stadium
- ☐ 경기 — game, match
- ☐ 직접 — directly
- ☐ 모두 — all
- ☐ 고르다 — to choose
- ☐ 홈페이지 — website
- ☐ 들어오다 — to enter
- ☐ 신청하다 — to register
- ☐ 못하다 — not to be good at
- ☐ 아직 — not yet
- ☐ 태권도장 — Taekwondo academy

3 동아리에서 공연도 했어요

- ☐ 모임 — meeting
- ☐ 중식당 — Chinese restaurant
- ☐ 북한산 — Mt. Bukhan
- ☐ 미술 — art
- ☐ 전시회 — exhibition
- ☐ 모이다 — to gather
- ☐ 왕 — king
- ☐ 케이 팝 — K-pop
- ☐ 도와주다 — to help
- ☐ 연습실 — practice room
- ☐ 연습하다 — to practice
- ☐ 즐겁다 — to be fun
- ☐ 활동 — activity

9 단원 Unit

계획
Plans

1 대학교에 입학할 거예요
I am going to enter college

- 미래 계획
  Vocabulary and expressions: Future plans
- V-을 거예요/ㄹ 거예요
  Grammar: V-을 거예요/ㄹ 거예요
- 미래 계획에 대해 듣고 말하기
  Listening and speaking about future plans
- * 경음화 ③
  Pronunciation: Tensification ③

2 구경하러 갈 거예요
I am going to look around

- 장소 ②
  Vocabulary and expressions: Places ②
- V-으러/러
  Grammar: V-으러/러
- 여행 계획에 대해 읽고 말하기
  Reading and speaking about travel plans

3 친구에게 이메일을 보냈어요
I sent an email to my friend

- N에게/한테, N에게서/한테서
  Grammar: N에게/한테, N에게서/한테서
- 특별한 날 계획에 대해 듣고 말하기
  Listening and speaking about special day plans
- 초대에 대한 글 읽고 쓰기
  Reading and writing about invitations

문화 | 해맞이
Culture: First sunrise in the new year

1

2

3

다음 표현에 알맞은 사진을 찾아서 번호를 써 보세요.

Match the expressions with the pictures and write the number in the box.

☐ 이메일을 받았어요.

☐ 대학교를 졸업해요.

☐ 해수욕장에서 놀았어요.

1 대학교에 입학할 거예요
I am going to enter college

어휘와 표현 Vocabulary and expressions

1 **다음은 사람들의 미래 계획이에요. 표현을 소리 내서 읽어 보세요.**
The pictures illustrate people's future plans. Read the expressions aloud.

① 대학교에 입학해요 □

② 남자 친구를 사귀어요 □

③ 결혼해요 □

④ 선생님이 돼요 □

⑤ 대학원을 졸업해요 □

⑥ 유학을 가요 □

⑦ 고향에 돌아와요 □

⑧ 사업을 해요 □

⑨ 회사에 취직해요 □

⑩ 집을 사요 □

⑪ 일을 그만둬요 □

⑫ 세계 여행을 해요 □

2 **위의 그림에서 여러분의 미래 계획을 골라 ✓표 해 보세요. 그리고 여러분의 미래 계획에 대해 친구와 묻고 대답해 보세요.** Choose your future plans from the pictures above and check(✓) the box. Then ask and answer questions about future plans.

앞으로 뭐하고 싶어요?

저는 대학교에 입학하고 싶어요.

문법 Grammar

1 대화를 듣고 다음 질문에 알맞은 답을 골라 보세요.

Listen to the conversations. Then choose the correct answer to each question.

23

(1) 수업 후에 뭐 해요?

①

②

(2) 주말에 계획이 있어요?

①

②

V-을 거예요/ㄹ 거예요

A 오늘 오후에 뭐 할 거예요?
B 도서관에서 책을 읽을 거예요.

A 방학에 어디에 갈 거예요?
B 가족들이랑 제주도에 갈 거예요.

A 내일 어디에서 친구를 만날 거예요?
B 백화점에서 만날 거예요.

A 내일 뭐 할 거예요?
B 케이크를 만들 거예요.

'-을 거예요/ㄹ 거예요'는 동사에 붙어 미래에 어떤 사건이나 행동이 일어날 것을 나타낼 때 사용한다.
-을 거예요/ㄹ 거예요 is attached to a verb to indicate that an event or action will occur in the future.

받침 ○ + 을 거예요

받침 ×, ㄹ + ㄹ 거예요

2 질문에 알맞은 대답을 찾아 써 보세요. 그리고 맞는지 들어 보세요.

Match the questions and answers. Then listen to check your answers.

24

(1) 시험공부 했어요? ⓒ
(2) 생일 선물은 샀어요? ______
(3) 점심에 뭘 먹을 거예요? ______
(4) 1년 후에 뭐 할 거예요? ______
(5) 태권도를 배우고 있어요? ______

ⓐ 비빔밥을 먹을 거예요.
ⓑ 한국 대학교에 입학할 거예요.
ⓒ 아니요. 오늘부터 공부할 거예요.
ⓓ 아니요. 안 샀어요. 내일 살 거예요.
ⓔ 네. 오늘도 수업 후에 태권도장에 갈 거예요.

3 리카가 이번 주말에 무엇을 할 것인지 말해 보세요.

Ask and answer questions about what Rika is going to do this weekend.

토요일 Saturday		일요일 Sunday	
(1) 아침	음악을 듣다 공원에서 산책하다	(4) 아침	빨래하다 집에서 쉬다
(2) 점심	일본 음식을 만들다 점심을 먹다	(5) 점심	카페에 가다 친구를 만나다
(3) 저녁	집 청소를 하다 영화를 보다	(6) 저녁	숙제하다 책을 읽다

July

A 리카 씨, 토요일 아침에 뭐 할 거예요?

B 음악을 들을 거예요. 그리고 공원에서 산책할 거예요.

+ 더 알아보기

ㄷ 불규칙

'ㄷ' 받침으로 끝나는 동사 중 '걷다, 묻다, 듣다'와 같은 동사는 모음 앞에서 'ㄷ'이 'ㄹ'로 바뀐다.

For some verbs whose stems end in the final consonant ㄷ such as 걷다, 묻다, 듣다, the ㄷ changes to ㄹ when followed by a vowel.

예) 공원을 걸어요.
전화번호를 물었어요.
저는 저녁에 음악을 들을 거예요.

4 다음 주에 무엇을 할 것인지 친구들과 묻고 대답해 보세요. 그리고 친구들의 대답을 써 보세요.

Ask your classmates about what they are going to do next week. Then write their answers in the chart.

A 샤니 씨, 다음 주에 뭐 할 거예요?

B 친구와 테니스를 칠 거예요. 그리고 피시방에서 게임을 할 거예요.

이름	다음 주에 뭐 할 거예요?
샤니	친구와 테니스를 칠 거예요. 그리고 피시방에서 게임을 할 거예요.

듣고 말하기 Listening and speaking

1 다음은 샤오동과 수진의 계획이에요. 올해와 내년에 무엇을 할 것인지 말해 보세요.

Below are Xiaodong and Sujin's plans. Talk about their plans for this year and next year.

2 잘 듣고 물음에 답해 보세요.

Listen carefully and answer the questions.

25

(1) 레아와 서준의 대화예요. 서준의 내년 계획으로 맞지 <u>않는</u> 것을 골라 보세요.
Listen to the conversation between Léa and Seojun. Choose the false statement about Seojun's plan next year.

① 유학을 갈 거예요.　② 여행을 갈 거예요.　③ 대학원을 졸업할 거예요.

(2) 선생님과 다니엘의 대화예요. 다니엘의 계획으로 맞는 것을 골라 보세요.
Listen to the conversation between Daniel and his teacher. Choose the true statement about Daniel's plan.

① 오전에 회의를 할 거예요.　② 올해 회사를 그만둘 거예요.
③ 내년에 사업을 시작할 거예요.

3 소피아가 앞으로의 계획을 이야기해요. 잘 듣고 물음에 답해 보세요.

Sophia talks about her plans. Listen carefully and answer the questions.

26

(1) 소피아에 대해 들은 내용과 같으면 ○, 다르면 ×로 표시해 보세요.
Mark ○ if it is true about Sophia, × if it is false.

① 여러 나라 친구를 사귈 거예요. (　　)　② 올해 9월에 러시아에 돌아갈 거예요. (　　)
③ 대학교에서 한국어를 전공하고 있어요. (　　)

(2) 소피아는 대학교 졸업 후에 뭐 할 거예요?
What is Sophia's plan after college graduation?

4 다음과 같이 미래의 계획에 대해 대화해 보세요.

Practice this conversation about future plans by using the words provided below.

제이슨 브루나 씨는 한국어를 언제까지 배울 거예요?

브루나 저는 올해까지 배울 거예요. 그리고 고향에 돌아갈 거예요.

제이슨 그래요? 고향에서 뭐 할 거예요?

브루나 취직 준비를 할 거예요. 회사에 취직하고 싶어요. 제이슨 씨는 언제까지 한국어를 배울 거예요?

제이슨 저는 내년까지 공부할 거예요. 그리고 한국에서 여행을 할 거예요.

(1)	(2)	(3)	(4)
올해	이번 학기	3급	
취직, 회사에 취직하다	결혼, 남자 친구와 결혼하다	입학, 대학원에 입학하다	
내년	다음 학기	6급	
한국에서 여행을 하다	사업을 하다	배우가 되다	

발음 Pronunciation

1. 잘 듣고 맞는 것에 ✓표 해 보세요.

Listen carefully and check(✓) the box with the correct answer.

27

(1) 할 거예요 [□ 할거예요, □ 할꺼예요]

(2) 만들 거예요 [□ 만들꺼예요, □ 만들거예요]

(3) 볼 수 있어요 [□ 볼쑤이써요, □ 볼수이써요]

(4) 먹을 수 있어요 [□ 머글수이써요, □ 머글쑤이써요]

경음화 ③ Tensification ③

동사, 형용사와 결합하는 -을/ㄹ 뒤에 오는 'ㄱ, ㅅ'은 [ㄲ, ㅆ]로 발음한다.

When ㄱ, ㅅ comes after a -을/ㄹ, that is combined with verbs and adjectives, they are pronounced as [ㄲ, ㅆ] respectively.

읽을 거예요 [일글꺼예요]

바쁠 거예요 [바쁠꺼예요]

만들 수 있어요 [만들쑤이써요]

2. 잘 듣고 따라 해 보세요.

Listen carefully and repeat the following sentences.

28

(1) 지금 사진을 찍을 거예요.

(2) 저는 집에서 쉴 거예요.

(3) 한국어를 읽을 수 있어요?

(4) 동생은 운전할 수 없어요.

2 구경하러 갈 거예요
I am going to look around

어휘와 표현 Vocabulary and expressions

1 다음은 여행지에서 갈 수 있는 장소예요. 그림에 맞는 어휘를 소리 내서 읽어 보세요.
The picture illustrates various travel sites. Match the words with the picture. Then read them aloud.

① 강	② 산	③ 호수	④ 고궁
⑤ 극장	⑥ 맛집	⑦ 미술관	⑧ 민속촌
⑨ 박물관	⑩ 쇼핑몰	⑪ 해수욕장	⑫ 기념품 가게

2 위의 그림을 보면서 어디에 갈지 친구와 묻고 대답해 보세요.
Look at the picture above. Ask and answer questions about where to go.

어디에 갈 거예요?

산에 갈 거예요.

문법 Grammar

1 다음을 듣고 대화를 읽어 보세요. 지유는 왜 부산에 갈 거예요?

Listen and read the conversation. Why is Jiyu going to visit Busan?

29

V-으러/러

A 지금 어디에 가요?
B 저녁을 먹으러 식당에 가요.

A 내일 뭐 할 거예요?
B 친구를 만나러 홍대에 갈 거예요.

A 주말에 뭐 해요?
B 사진을 찍으러 고궁에 갈 거예요.

A 친구가 한국에 왔어요?
B 네. 친구가 한국에 놀러 왔어요.

'-으러/러'는 동사에 붙어 이동의 목적을 나타낸다. 앞의 행동을 하기 위해 이동함을 나타낼 때 사용한다. 주로 '가다, 오다, 다니다' 등의 동사와 함께 쓰인다.

-으러/러 is attached to a verb to indicate the purpose of the following action. It is mainly used with verbs such as 가다, 오다, 다니다.

받침 ○ + 으러

받침 ×, ㄹ + 러

2 질문에 알맞은 대답을 찾아 써 보세요. 그리고 맞는지 들어 보세요.

Match the questions and answers. Then listen to check your answers.

30

(1) 도서관에 왜 가요? ⓐ
(2) 주말에 뭐 할 거예요? ______
(3) 리카 씨, 점심 먹었어요? ______
(4) 다니엘이 왜 서점에 갔어요? ______
(5) 브루나 씨, 왜 한국에 왔어요? ______

ⓐ 책을 빌리러 가요.
ⓑ 책을 사러 갔어요.
ⓒ 한국어를 공부하러 왔어요.
ⓓ 아니요. 지금 먹으러 갈 거예요.
ⓔ 그림을 보러 미술관에 갈 거예요.

3 사람들이 다음 장소에 왜 갔는지 말해 보세요.

Ask and answer questions why people went to these places.

(1) 브루나 - 자전거를 타다

(2) 리카 - 책을 빌리다

(3) 타나펀 - 한옥을 구경하다

(4) 레아 - 저녁을 먹다

(5) 샤오동 - 기념품을 사다

(6) 제이슨 - 공연을 보다

A 브루나 씨는 공원에 왜 갔어요?

B 자전거를 타러 갔어요.

4 이번 주말에 무엇을 할 것인지 친구들과 묻고 대답해 보세요. 그리고 친구들의 대답을 써 보세요.

Ask your classmates about their plans for this weekend. Then write their answers in the chart.

A 샤오동 씨, 이번 주말에 뭐 할 거예요?

B 친구랑 같이 캠핑하러 갈 거예요.

이름	이번 주말에 뭐 할 거예요?
샤오동	친구랑 같이 캠핑하러 갈 거예요.

읽고 말하기 Reading and speaking

1 다음 사진을 보세요. 다니엘이 여행지에서 무엇을 할 것인지 말해 보세요.
Look at the pictures. Talk about what Daniel will do at the travel site.

전주에서 전통 문화 체험!

저는 여행을 좋아합니다. 그래서 이번 휴가에 전주를 여행할 겁니다. 휴가는 7월 24일 수요일부터 26일 금요일까지입니다.

첫째 날 수요일 오후에 전주에 도착할 겁니다. 도착 후에 점심을 먹으러 식당에 갈 겁니다. 식당에서 한정식을 먹을 겁니다. 그리고 공원에서 산책할 겁니다.

둘째 날 한옥 마을에 갈 겁니다. 먼저 한복을 입을 겁니다. 그리고 한옥 마을을 구경할 겁니다. 사진을 많이 찍을 겁니다. 전주는 비빔밥이 유명합니다. 그래서 비빔밥 맛집에서 점심을 먹을 겁니다. 그리고 전통 찻집에서 차를 마실 겁니다.

셋째 날 아침에 시장에 구경하러 갈 겁니다. 시장에서 기념품도 살 겁니다. 그리고 오후에 서울에 돌아올 겁니다. 이번 여행이 정말 기대가 됩니다. 빨리 전주에 가고 싶습니다.

2 위의 글은 다니엘의 휴가 계획에 대한 내용이에요. 읽고 답해 보세요.
The passage above is about Daniel's vacation plan. Read and answer the questions.

(1) 둘째 날 할 일로 맞는 것을 골라 보세요. Choose Daniel's plan for the second day.

① 

② 

③ 

(2) 읽은 내용과 같으면 ○, 다르면 ×로 표시해 보세요. Mark ○ if it is true, × if it is false.

① 저는 주말에 전주를 여행할 겁니다. (　　　)

② 첫째 날 아침에 한국 전통 차를 마실 겁니다. (　　　)

③ 여행 마지막 날 시장에서 기념품을 살 겁니다. (　　　)

3 역할극을 해 보세요.

Do a roleplay.

(1) 지유와 레아가 방학 여행 계획에 대해 이야기하고 있어요. 여러분이 지유와 레아가 되어 대화해 보세요.

Jiyu and Léa are talking about plans for their vacation. Roleplay as Jiyu and Léa.

지유

이번 방학에 어디를, 얼마 동안 여행할 것인지, 거기에서 무엇을 할 것인지 물어보세요.

Ask Léa about the destination, duration, and activities of her trip.

레아

이번 방학 여행 계획에 대해서 지유의 질문에 대답해 보세요.

Answer Jiyu's questions about your trip for this vacation.

방학에 뭐 할 거예요? → 얼마 동안 여행할 거예요? → 거기에서 뭐 할 거예요?

기능 표현 여행 기간 묻고 답하기 Asking and answering questions about the duration of the trip

A 얼마 동안 여행할 거예요?

B 1박 2일 동안 여행할 거예요. / 일주일 동안 여행할 거예요. / 한 달 동안 여행할 거예요.

지유	레아 씨, 이번 방학에 뭐 할 거예요?
레아	미국 뉴욕에 여행 갈 거예요. 거기에 제 친구가 있어요.
지유	그래요? 얼마 동안 여행할 거예요?
레아	일주일 동안 여행할 거예요.
지유	거기에서 뭐 할 거예요?
레아	친구랑 같이 뮤지컬을 보러 갈 거예요. 그리고 미술관에 갈 거예요. 밤에 야경도 볼 거예요. 지유 씨는 방학에 뭐 할 거예요?
지유	글쎄요. 저는 아직 잘 모르겠어요.

(2) 여러분의 방학 여행 계획에 대해 대화해 보세요. Talk about your plans for vacation.

3 친구에게 이메일을 보냈어요
I sent an email to my friend

문법 Grammar

1 다음을 읽어 보세요. 이 사람은 누구에게 이메일을 썼어요?
Read the following. Who is the person receiving this email?

서준 씨에게

서준 씨, 오랜만이에요. 잘 지내요? 지유 씨에게서 서준 씨의 졸업 소식을 들었어요. 졸업을 축하해요.

N에게/한테, N에게서/한테서

A 제이슨에게 이메일을 보냈어요?
B 아니요. 리카에게 보냈어요.

A 약속 장소를 어떻게 알았어요?
B 다니엘에게서 들었어요.

A 지유가 누구한테 전화해요?
B 동생한테 전화해요.

A 한국어를 누구한테서 배웠어요?
B 한국 친구한테서 배웠어요.

'에게/한테'는 명사에 붙어 어떤 행동이 미치는 대상을 나타낼 때 사용한다. '에게서/한테서'는 명사에 붙어 어떤 행동이 시작되는 대상을 나타낸다.
에게/한테 is attached to a noun to indicate the recipient of an action. 에게서/한테서 is attached to a noun to indicate the source or origin of an action.

2 질문에 알맞은 대답을 찾아 써 보세요. 그리고 맞는지 들어 보세요.
Match the questions and answers. Then listen to check your answers.

31

(1) 그 책을 샀어요? ⓓ
(2) 타나펀에게 연락했어요? ______
(3) 누구한테 이메일을 써요? ______
(4) 기타는 누구한테서 배웠어요? ______
(5) 어제 브루나한테 선물을 줬어요? ______

ⓐ 아니요. 내일 줄 거예요.
ⓑ 우리 형한테서 배웠어요.
ⓒ 아니요. 아직 연락 안 했어요.
ⓓ 아니요. 친구에게서 빌렸어요.
ⓔ 언니한테 이메일을 쓰고 있어요.

3 다음을 보고 '에게/한테', '에게서/한테서'를 사용해서 빈칸에 써 보세요.

Look at the following pictures and write in the blanks using 에게/한테, 에게서/한테서.

(1) 민재가 레아에게 메시지를 보냅니다.

(2) 레아가 ______________________.

(3) 제이슨이 ______________________.

(4) 샤니가 ______________________.

(5) 김민지 선생님이 ______________________.

(6) 학생들이 ______________________.

4 생일 때 준 선물과 받은 선물에 대해 친구들과 묻고 대답해 보세요. 그리고 친구들의 대답을 써 보세요.

Ask your classmates about the gifts they gave friends on birthdays and the presents they received on their birthdays. Then write their answers in the chart.

리카 씨, 누구에게 무슨 선물을 줬어요?

브루나에게 화장품을 줬어요.

리카 씨는 생일에 누구에게서 뭘 받았어요?

언니에게서 가방을 받았어요.

이름	누구에게 무슨 선물을 줬어요?	누구에게서 뭘 받았어요?
리카	브루나에게 화장품을 줬어요.	언니에게서 가방을 받았어요.

듣고 말하기 Listening and speaking

1 **다음은 특별한 날의 모습이에요. 사람들이 무엇을 하는지 말해 보세요.**
Below are pictures of a special day. Talk about what people are doing.

2 **샤니와 샤오동의 대화예요. 잘 듣고 물음에 답해 보세요.**
Listen to the conversation between Shani and Xiaodong and answer the questions.

32

(1) 샤오동이 내일 할 일로 맞지 않는 것을 골라 보세요.
Choose the false statement about Xiaodong's tomorrow's plan.

① 
② 
③ 

(2) 들은 내용과 같으면 ○, 다르면 ×로 표시해 보세요.
Mark ○ if it is true, × if it is false.

① 내일 친구한테 시계를 선물할 거예요. (　　　)

② 지난주에 친구의 졸업 선물을 샀어요. (　　　)

3 **지유과 레아의 대화예요. 잘 듣고 물음에 답해 보세요.**
Listen to the conversation between Jiyu and Léa and answer the questions.

33

(1) 레아에 대해 맞는 것을 골라 보세요.
Choose the true statement about Léa.

① 주말에 놀이공원에 갈 거예요.
② 남자 친구와 초콜릿을 만들 거예요.
③ 남자 친구와 1년 계획을 세울 거예요.

(2) 레아는 남자 친구에게 무슨 선물을 할 거예요?
What present is Léa going to give her boyfriend?

4 친구들의 생일 파티에 대해 이야기해 보세요.

Talk about your classmates' birthday party.

(1) 여러분의 생일 파티 계획에 대해 써 보세요.
Write about your birthday party plan.

이름	언제 할 거예요?	어디에서 할 거예요?	무엇을 할 거예요?
브루나	12월 3일 저녁 7시에 할 거예요.	우리 집에서 할 거예요.	피자와 치킨을 먹을 거예요. 보드게임을 할 거예요.
나 ______			
친구 ______			

(2) 친구에게 생일 파티 계획에 대해 물어보고 친구의 대답을 (1)에 써 보세요.
Ask your partner about his/her birthday party plans and write down his/her answers in the chart above.

A 브루나 씨, 언제 생일 파티를 할 거예요?
B 12월 3일 저녁 7시에 할 거예요.
A 어디에서 할 거예요?
B 우리 집에서 할 거예요.
A 생일 파티에서 뭐 할 거예요?
B 피자와 치킨을 먹을 거예요. 그리고 보드게임을 할 거예요.

(3) 3~4명씩 모이세요. 여러분이 들은 친구의 생일 파티 계획을 전해 보세요.
In groups of three to four, share the birthday party plans heard in (2) with your group members.

브루나한테서 들었어요. 브루나가 12월 3일 저녁 7시에 생일 파티를 할 거예요. 브루나의 집에서 할 거예요. 피자와 치킨을 먹을 거예요. 그리고 보드게임을 할 거예요.

(4) 팀에서 누구의 생일 파티에 갈 것인지 정해 보세요. 그리고 무엇을 선물할 것인지 정해서 발표해 보세요.
Decide whose birthday party your group members would like to attend. Then choose the birthday gift and present it to the class.

브루나가 12월 3일 저녁 7시에 생일 파티를 할 거예요. 브루나의 집에서 할 거예요. 피자와 치킨을 먹을 거예요.…… 우리는 브루나의 생일 파티에 갈 거예요. 브루나에게 복걸이를 선물할 거예요.

읽고 쓰기 Reading and writing

1 다음 이메일을 보세요. 누가 누구에게 보낸 이메일인지 말해 보세요.
Look at the email. Talk about the sender and the recipient of this email.

mail

편지쓰기

받은편지함
별표편지함
다시 알림 항목
중요편지함
보낸편지함
임시보관함
카테고리
더보기

라벨 +

School
friends
더보기

보낸 사람: “서준”<seojun@ewha.edu>
받는 사람: “샤오동”<xiaodong@ewha.edu>
제목: ______________________

샤오동 씨에게

샤오동 씨, 안녕하세요? 저 서준이에요. 잘 지내요?
지난주 졸업식 후에 집에 잘 갔어요? 그때 고마웠어요.
제가 다음 주에 부산에 갈 거예요. 그리고 부산에서 유학 준비를 할 거예요.
그래서 이번 주에 친구들을 우리 집에 초대하고 싶어요.
혹시 이번 주 토요일 점심에 시간이 있어요? 레아, 민재, 수진, 제이슨도 올 거예요.
샤오동 씨도 놀러 오세요. 우리 집에서 같이 점심을 먹어요. 그리고 이야기도 해요.
그날 졸업식 사진도 같이 봐요. 우리 집 주소를 보내요.
<주소> 서울특별시 서대문구 이화여대길 50-12 이화아파트 1동 803호

그럼 그날 봐요.

이서준 드림

2 위의 글은 친구를 초대하는 이메일이에요. 읽고 답하세요.
The email above is about inviting a friend to the house. Read and answer the questions.

(1) 읽은 내용과 같으면 ◯, 다르면 ×로 표시해 보세요.
Mark ◯ if it is true, × if it is false.

① 서준은 친구들을 부산에서 만날 거예요. (　　)
② 서준은 친구들과 같이 졸업식 사진을 봤어요. (　　)
③ 서준은 주말에 친구들과 점심을 먹을 거예요. (　　)

(2) 이메일 제목으로 알맞은 것을 골라 보세요. Choose the title for the email above.

① 졸업식에 초대합니다.　② 우리 집에 초대합니다.　③ 저녁 식사에 초대합니다.

(3) 서준은 부산에 왜 갈 거예요? Why is Seojun going to Busan?

____

3 여러분의 친구에게 모임에 초대하는 이메일을 써 보세요.

Write an email inviting your friends to a meeting.

(1) 다음 질문을 보고 메모해 보세요.

Write a note about the following questions.

무슨 모임에 초대할 거예요?	
누구를 초대할 거예요?	
언제, 어디에서 할 거예요?	
무엇을 할 거예요?	

(2) 위의 메모를 바탕으로 친구에게 모임에 초대하는 이메일을 써 보세요.

Based on the notes above, write an email inviting your friends to the meeting.

보낸 사람: ______________________

받는 사람: ______________________

제목: ______________________

__________ 에게

__________ 드림

해맞이
First sunrise in the new year

준비하기

- 다음은 새해 첫날 모습이에요. 이 사람들은 뭐 하는 걸까요?
  Below are pictures of New Year's Day. What are the people doing?

알아보기

- 한국 사람들은 1월 1일이 되면 해맞이를 해요. 새해 첫날 떠오르는 해를 보면서 새해 소원을 빌어요.
  Koreans celebrate the first sunrise on January 1st. They make New Year's wishes while watching the sunrise on New Year's Day.
- 해맞이로 한국에서 제일 유명한 곳은 강원도 강릉 정동진이에요. 정동진은 경복궁에서부터 정확하게 동쪽 방향에 있는 곳이에요.
  The most famous place in Korea for watching the first sunrise is Jeongdongjin, located in Gangneung city, Gangwon Province. Jeongdongjin is at the very east of Gyeongbokgung.

생각해 보기

- 새해 첫날 특별히 하는 일에 대해서 이야기해 보세요.
  Talk about special activities you do on New Year's Day.
- 새해 해맞이를 보면서 소원을 빈다면 어떤 소원을 빌고 싶은지 이야기해 보세요.
  Talk about wishes you want to make while watching the new year's sunrise.

어휘와 표현 확인

Vocabulary and expressions check

의미를 아는 어휘나 표현에 √표 해 보세요.

Check(√) the vocabulary or expressions that you know.

1 대학교에 입학할 거예요

- □ 대학교에 입학하다 to enter a college
- □ 여자/남자 친구를 사귀다 to have a girlfriend/boyfriend
- □ 결혼하다 to get married
- □ 선생님이 되다 to be a teacher
- □ 대학원을 졸업하다 to finish the graduate school
- □ 유학을 가다 to study abroad
- □ 고향에 돌아오다 to return to one's hometown
- □ 사업을 하다 to run a business
- □ 회사에 취직하다 to get a job in a company
- □ 집을 사다 to buy a house
- □ 일을 그만두다 to quit the job
- □ 세계 여행을 하다 to travel around the world
- □ 앞으로 in the future
- □ 작년 last year
- □ 올해 this year
- □ 내년 next year
- □ 학기 semester
- □ 돌아가다 to go back
- □ 전공하다 to major in sth.

2 구경하러 갈 거예요

- □ 강 river
- □ 산 mountain
- □ 호수 lake
- □ 고궁 palace
- □ 극장 theater
- □ 맛집 famous restaurant
- □ 미술관 art museum
- □ 민속촌 folk village
- □ 빅물관 museum
- □ 쇼핑몰 shopping mall
- □ 해수욕장 beach
- □ 기념품 가게 souvenir shop
- □ 빌리다 to borrow
- □ 휴가 vacation
- □ 전주 Jeonju
- □ 체험 experience
- □ 첫째 날 first day
- □ 한정식 Korean table d'hote
- □ 둘째 날 second day
- □ 유명하다 to be famous
- □ 찻집 teahouse
- □ 차 tea
- □ 셋째 날 third day
- □ 기대가 되다 to look forward to
- □ 빨리 soon
- □ 동안 during
- □ 1박 2일 one night two days
- □ 뮤지컬 musical
- □ 야경 nightscape

3 친구에게 이메일을 보냈어요

- □ 오랜만이다 It's been a long time.
- □ 메시지를 보내다 to send a message
- □ 초콜릿 chocolate
- □ 계획을 세우다 to make a plan
- □ 치킨 chicken
- □ 보드게임 board game
- □ 목걸이 necklace
- □ 졸업식 graduation ceremony
- □ 그때 then
- □ 초대하다 to invite
- □ 주소 address
- □ 그날 that day
- □ 드림 from

10 단원 Unit

날씨와 계절
The weather and the seasons

1 날씨가 맑고 따뜻해요
The weather is clear and warm

- 날씨
  Vocabulary and expressions: Weather
- A/V-고(나열)
  Grammar: A/V-고(enumeration)
- 여러 도시의 날씨에 대해 듣고 말하기
  Listening and speaking about the weather in different cities

* 격음화 ①
  Pronunciation: Aspiration ①

2 겨울이 되면 스키를 타러 가요
I go skiing in the winter

- 계절, 계절 활동
  Vocabulary and expressions: Seasons, Seasonal activities
- A/V-으면/면
  Grammar: A/V-으면/면
- 계절 활동에 대해 읽고 말하기
  Reading and speaking about seasonal activities

3 봄은 좋아하지만 여름은 안 좋아해요
I like spring but not summer

- A/V-지만
  Grammar: A/V-지만
- 계절 음식에 대해 듣고 말하기
  Listening and speaking about the seasonal foods
- 좋아하는 계절에 대한 글 읽고 쓰기
  Reading and writing about the favorite season

문화 | 재미있는 날씨 표현
Culture: Interesting weather expressions

1

2

3

다음 표현에 알맞은 사진을 찾아서 번호를 써 보세요.

Match the expressions with the pictures and write the number in the box.

- ☐ 날씨가 좋아요.
- ☐ 겨울이 되었어요.
- ☐ 비가 많이 와요.

1 날씨가 맑고 따뜻해요
The weather is clear and warm

어휘와 표현 Vocabulary and expressions

1 **다음은 날씨예요. 그림에 맞는 표현을 소리 내서 읽어 보세요.**
The pictures illustrate weather. Match the expressions with the pictures. Then read them aloud.

① 따뜻해요	② 더워요	③ 시원해요
④ 쌀쌀해요	⑤ 추워요	⑥ 맑아요
⑦ 흐려요	⑧ 바람이 불어요	⑨ 비가 와요
⑩ 비가 그쳤어요	⑪ 눈이 내려요	⑫ 안개가 꼈어요

2 **위의 그림을 보면서 날씨에 대해 친구와 묻고 대답해 보세요.**
Look at the pictures above. Ask and answer questions about the weather.

날씨가 어때요?

따뜻해요.

문법 Grammar

1 대화를 듣고 다음 질문에 알맞은 답을 모두 골라 보세요.

Listen to the conversations. Then choose all of the true statements to each question.

34

(1) 요즘 날씨는 어때요?

(2) 밖에 눈이 와요?

A/V-고(나열)

A 오늘 날씨가 어때요?
B 맑고 좋아요.

A 그 식당 음식은 괜찮아요?
B 네. 싸고 맛있어요.

A 서준 씨, 무슨 운동을 좋아해요?
B 저는 수영도 좋아하고 축구도 좋아해요.

A 제이슨하고 리카는 어느 나라 사람이에요?
B 제이슨은 미국 사람이고 리카는 일본 사람이에요.

'-고'는 형용사, 동사, '이다'에 붙어 어떤 상태나 행위를 나열함을 나타낼 때 사용한다.
-고 is attached to an adjective, a verb, or 이다 to list certain states or actions.

2 질문에 알맞은 대답을 찾아 써 보세요. 그리고 맞는지 들어 보세요.

Match the questions and answers. Then listen to check your answers.

35

(1) 지금도 눈이 와요? ⓑ
(2) 학생 식당 음식은 어때요? ______
(3) 이 건물하고 저 건물은 뭐예요? ______
(4) 타나펀과 레아는 어디에서 살아요? ______
(5) 샤오동하고 브루나는 어느 나라에서 왔어요? ______

ⓐ 양이 많고 맛있어요.
ⓑ 아니요. 눈은 그쳤고 바람만 불어요.
ⓒ 이건 도서관이고 저건 박물관이에요.
ⓓ 샤오동은 중국에서 왔고 브루나는 브라질에서 왔어요.
ⓔ 타나펀은 기숙사에서 살고 레아는 학교 근처에서 살아요.

3 학생 A와 학생 B가 되어 다음 도시의 날씨를 묻고 대답해 보세요. 그리고 빈칸에 알맞게 써 보세요.

With student B, ask and answer questions about the weather in the following cities. Then fill in the blanks.

학생 B p.143 >

학생 A

포르투갈 리스본

기간	날씨
1-3월	(1) 춥고 비가 와요.
3-6월	(2) 맑다 / 춥지 않다
6-9월	(3) ______
9-12월	(4) 따뜻하다 / 바람이 불다

브라질 상파울루

기간	날씨
1-3월	(5) 덥다 / 비가 많이 오다
3-6월	(6) ______
6-9월	(7) 가끔 눈이 오다 / 춥지 않다
9-12월	(8) ______

A 포르투갈 리스본의 1월부터 3월까지 날씨는 어때요?
B 춥고 비가 와요.

+ 더 알아보기

N은/는

명사에 붙어 어떤 대상이 다른 것과 대조됨을 나타낸다.

은/는 is attached to a noun to indicate that one object is contrasted with another.

예) 형은 의사이고 동생은 회사원이에요.
다니엘이 한국어는 잘해요. 중국어는 못해요.

4 고향과 고향 날씨에 대해 친구들과 묻고 대답해 보세요. 그리고 친구들의 대답을 써 보세요.

Ask your classmates about their hometown and its typical weather. Then write their answers in the chart.

A 제이슨 씨는 어디에서 왔어요?
B 저는 미국 시애틀에서 왔어요.

A 요즘 시애틀 날씨는 어때요?
B 비가 자주 오고 바람도 많이 불어요.

이름	고향의 요즘 날씨는 어때요?
제이슨	미국 시애틀은 비가 자주 오고 바람도 많이 불어요.

듣고 말하기 Listening and speaking

1 **다음은 여러 도시의 날씨예요. 이 도시들의 날씨가 어떤지 말해 보세요.**
Look at the world map. Talk about the weather of these cities.

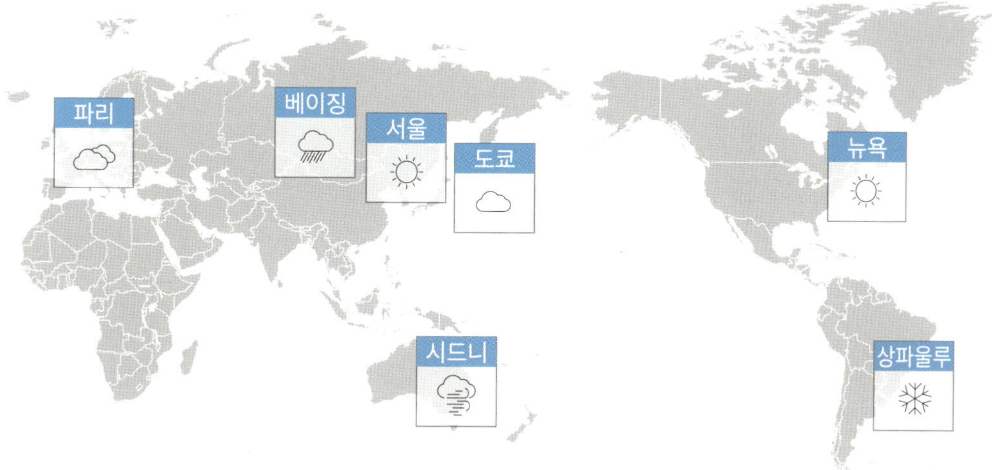

2 **잘 듣고 물음에 답해 보세요.**
Listen carefully and answer the questions.

36

(1) 레아와 민재의 대화예요. 오늘과 내일 날씨를 연결해 보세요.
Listen to the conversation between Léa and Minjae. Match the weather of today and tomorrow.

① 오늘 ・ ・ 흐리고 눈이 와요.
② 내일 ・ ・ 눈이 안 오고 맑아요.

(2) 지유와 올리버의 대화예요. 시드니의 날씨로 맞는 것을 모두 골라 보세요. Listen to the conversation between Jiyu and Oliver. Choose all of the true statements about the weather in Sydney.

① 8월 날씨	☐ 쌀쌀해요.	☐ 많이 추워요.	☐ 바람이 불어요.
② 11월 날씨	☐ 따뜻해요.	☐ 덥지 않아요.	☐ 비가 많이 와요.

3 **서준과 히로시의 대화예요. 잘 듣고 물음에 답해 보세요.**
Listen to the conversation between Seojun and Hiroshi and answer the questions.

37

(1) 들은 내용과 같으면 ○, 다르면 ×로 표시해 보세요.
Mark ○ if it is true, × if it is false.

① 히로시는 지난주에 부산에 갔어요. (   )
② 서준은 지금 부산에 있어요. (   )
③ 부산은 요즘 바람이 불어요. (   )

(2) 히로시는 부산에 무엇을 가져갈 거예요?
What will Hiroshi bring to Busan?

4 다음과 같이 여러 도시의 날씨에 대해 대화해 보세요.

Practice this conversation about the weather in different cities by using the words provided below.

지유 올리버 씨, 언제 서울에 올 거예요?

올리버 7월에 갈 거예요.

지유 준비는 다 했어요?

올리버 아니요. 아직 못 했어요. 그런데 서울의 7월 날씨는 어때요?

지유 서울은 7월에 덥고 비가 자주 와요. 모자하고 우산을 꼭 가져오세요.

올리버 네. 알겠어요. 고마워요.

(1)	(2)	(3)	(4)
서울	파리	방콕	
7월	12월	1월	
덥다, 비가 자주 오다	춥다, 바람이 많이 불다	비가 안 오다, 아주 덥다	
모자, 우산	장갑, 목도리	선글라스, 선크림	

발음 Pronunciation

1. 잘 듣고 맞는 것에 √표 해 보세요.

Listen carefully and check(√) the box with the correct answer.

38

(1) 좋고 [□ 조코, □ 조고]

(2) 넣다 [□ 너다, □ 너타]

(3) 않고 [□ 안고, □ 안코]

(4) 싫지 [□ 실지, □ 실치]

격음화 ① Aspiration ①

받침 'ㅎ, ㄶ, ㅀ' 뒤에 'ㄱ, ㄷ, ㅈ'이 오는 경우, 받침에 있는 'ㅎ'과 'ㄱ, ㄷ, ㅈ'이 합쳐져 [ㅋ, ㅌ, ㅊ]로 발음한다.

When ㅎ ㄶ, ㅀ in final consonants are followed by ㄱ, ㄷ, ㅈ, ㅎ in the final consonant and ㄱ, ㄷ, ㅈ are combined and pronounced as [ㅋ, ㅌ, ㅊ].

어떻게 [어떠케]
그렇다 [그러타]
넣지만 [너치만]
많고 [만코]
괜찮다 [괜찬타]
잃지 [일치]

2. 잘 듣고 따라 해 보세요.

Listen carefully and repeat the following sentences.

39

(1) 요즘 어떻게 지내요?

(2) 뭘 그렇게 보고 있어요?

(3) 날씨가 좋지만 덥습니다.

(4) 나는 시험이 싫다.

(5) 사람이 많지 않아요.

(6) 어렵지 않고 재미있어요.

2 겨울이 되면 스키를 타러 가요
I go skiing in the winter

어휘와 표현 Vocabulary and expressions

1 **다음은 계절과 계절별 활동이에요. 표현을 소리 내서 읽어 보세요.**
The pictures illustrate seasons and seasonal activities. Read the expressions aloud.

봄

① 꽃구경을 해요 □

② 소풍을 가요 □

여름

③ 물놀이를 해요 □

④ 서핑을 해요 □

가을

⑤ 단풍을 구경해요 □

⑥ 낙엽 길을 걸어요 □

겨울

⑦ 눈사람을 만들어요 □

⑧ 눈 축제에 가요 □

2 **위의 그림에서 여러분은 봄, 여름, 가을, 겨울에 무엇을 하고 싶은지 골라 ✓표 해 보세요. 그리고 계절별 활동에 대해 친구와 묻고 대답해 보세요.**
Choose what you want to do in each season from the pictures above and check(✓) the box. Then ask and answer questions about seasonal activities.

겨울에 뭐 하고 싶어요?

눈사람을 만들고 싶어요. 그리고 눈 축제에 가고 싶어요.

문법 Grammar

1 다음을 듣고 대화를 읽어 보세요. 제이슨은 겨울에 뭐 했어요?

Listen and read the conversation. What did Jason do in the winter?

40

A/V-으면/면

A 시간이 있으면 보통 뭐 해요?
B 집에서 영화를 봐요.

A 이 모자 어때요?
B 좋아요. 값이 싸면 사고 싶어요.

A 몇 시에 도착해요?
B 지금 출발하면 오후 2시쯤 도착해요.

A 리카 씨, 교실이 덥지 않아요?
B 창문을 여세요. 열면 시원해요.

'-으면/면'은 형용사, 동사, '이다'에 붙어 뒤 절의 내용에 대한 조건이나 가정을 나타낼 때 사용한다.
-으면/면 is attached to an adjective, a verb, or 이다 to indicate conditions or assumptions about the content of the following clause.

받침 ○ + 으면　　　　받침 ×, ㄹ + 면

2 질문에 알맞은 대답을 찾아 써 보세요. 그리고 맞는지 들어 보세요.

Match the questions and answers. Then listen to check your answers.

41

(1) 휴가에 뭐 할 거예요? ⓒ
(2) 여름 방학에 뭐 할 거예요? ______
(3) 브루나 씨는 매일 운동해요? ______
(4) 그 콘서트를 보러 갈 거예요? ______
(5) 리카 씨, 왜 우유를 안 마셔요? ______

ⓐ 네. 그런데 바쁘면 운동 못 해요.
ⓑ 저는 우유를 마시면 배가 아파요.
ⓒ 휴가가 길면 해외여행을 갈 거예요.
ⓓ 방학이 되면 서핑을 하러 갈 거예요.
ⓔ 네. 콘서트 표를 살 수 있으면 갈 거예요.

3 다음 상황에 어떻게 하는지 말해 보세요.

Ask and answer questions about what to do in each situation.

(1) 목이 아프다

(2) 돈이 없다

(3) 스트레스를 받다

(4) 부모님이 보고 싶다

(5) 날씨가 덥다

(6) 수업 시간에 잠이 오다

A 목이 아프면 어떻게 해요?

B 목이 아프면 물을 많이 마셔요.

4 언제 기분이 좋은지, 기분이 안 좋은지 친구들과 묻고 대답해 보세요. 그리고 친구들의 대답을 써 보세요.

Ask your classmates about when they feel good or bad. Then write their answers in the chart.

A 다니엘 씨는 언제 기분이 좋아요?

B 주말이 되면 기분이 좋아요.

A 그러면 언제 기분이 안 좋아요?

B 일이 많으면 기분이 안 좋아요.

이름	언제 기분이 좋아요?	언제 기분이 안 좋아요?
다니엘	주말이 되면 기분이 좋아요.	일이 많으면 기분이 안 좋아요.

읽고 말하기 Reading and speaking

1 다음 사진을 보세요. 무슨 계절인지, 사람들이 무엇을 하고 있는지 말해 보세요.
Look at the pictures. Talk about the seasons and what the people are doing.

spring

호주와 멕시코, 10월이 봄? 가을?

호주는 9월부터 11월까지 봄입니다. 봄이 되면 날씨가 맑고 따뜻합니다. 그리고 꽃도 많이 핍니다. 아주 예쁩니다. 그래서 날씨가 좋으면 사람들은 꽃구경을 하러 갑니다. 그리고 가족들과 소풍도 갑니다. 등산도 하고 공원에서 산책도 합니다.

그렇지만 멕시코는 10월부터 12월까지 가을입니다. 가을에 비가 거의 오지 않고 조금 쌀쌀합니다. 10월이 되면 음악 축제, 영화 축제, 포도주 축제, 나비 축제가 열립니다. 축제가 재미있습니다. 그래서 사람들이 축제를 구경하러 갑니다.

fall

2 위의 글은 호주와 멕시코의 계절에 대한 내용이에요. 읽고 답해 보세요.
The passage above is about the seasons of Australia and Mexico. Read and answer the questions.

(1) 다음 그림에 맞는 나라가 어디인지 빈칸에 나라 이름을 써 보세요.
Based on each picture, fill the blanks with the correct name of the country.

①  ________

②  ________

③  ________

④  ________

(2) 읽은 내용과 같으면 ○, 다르면 ×로 표시해 보세요. Mark ○ if it is true, × if it is false.

① 10월에 호주는 봄이고 멕시코는 가을입니다. (　　　)

② 호주의 10월 날씨는 맑고 따뜻합니다. (　　　)

③ 멕시코의 10월 날씨는 비가 많이 오고 춥습니다. (　　　)

3 역할극을 해 보세요.

Do a roleplay.

(1) 타나펀과 지유가 주말 계획에 대해 이야기하고 있어요. 여러분이 타나펀과 지유가 되어 대화해 보세요.
Thanaporn and Jiyu are talking about their weekend plans. Roleplay as Thanaporn and Jiyu.

타나펀
날씨에 따라 무엇을 할지 지유에게 물어보세요.
Ask Jiyu about her plans depending on the weather.

지유
날씨에 따라 무엇을 할지 타나펀의 질문에 답해 보세요.
Answer Thanaporn's questions about the plans depending on the weather.

이번 주말에 뭐 할 거예요? → 날씨가 좋으면 뭐 할 거예요? → 거기에서 뭐 할 거예요?

+ 더 알아보기

V-아요/어요
동사에 붙어, 어떠한 행동을 같이 할 것을 제안하거나 요청할 때 사용한다. -아요/어요 is attached to a verb and is used to suggest or request someone to do an action together.

예) 타나펀 씨도 같이 먹어요. 우리 같이 걸어요.

기능 표현 같이 할 것을 제안하고 답하기 Suggesting to do something together and responding to the suggestion

A 우리 같이 산에 가요. / 우리 산에 가면 어때요? / 같이 산에 가요.
B 네. 좋아요.

타나펀	지유 씨, 이번 주말에 뭐 할 거예요?
지유	비가 오면 집에 있을 거예요.
타나펀	그래요? 그런데 날씨가 좋으면 뭐 할 거예요?
지유	비가 안 오고 날씨가 좋으면 북한산에 갈 거예요.
타나펀	거기에서 뭐 할 거예요?
지유	단풍도 구경하고 사진도 찍을 거예요. 시간이 있으면 타나펀 씨도 같이 가요.
타나펀	정말요? 좋아요.

(2) 계절별 날씨를 고려하여 여러분의 주말 계획에 대해 대화해 보세요.
Consider the seasonal weather and discuss your weekend plans.

3 봄은 좋아하지만 여름은 안 좋아해요
I like spring but not summer

문법 Grammar

1 다음을 읽어 보세요. 한국 사람들은 여름에 무슨 음식을 먹어요?
Read the following. What food do Koreans eat in the summer?

한국의 여름은 덥습니다. 한국 사람들은 여름에 삼계탕을 먹습니다. 삼계탕은 뜨겁습니다. 뜨겁지만 여름에 먹습니다.

A/V-지만

A 그 식당 음식은 어때요?
B 비싸지만 맛있어요.

A 레아하고 샤니는 점심을 보통 어디에서 먹어요?
B 레아는 학생 식당에서 먹지만 샤니는 집에서 먹어요.

A 지유 씨는 여동생이 있어요?
B 아니요. 남동생은 있지만 여동생은 없어요.

A 제이슨 씨는 한국에 오래 살았어요?
B 네. 5년 살았어요. 오래 살았지만 한국말을 아직 잘 못해요.

'-지만'은 형용사, 동사, '이다'에 붙어 앞과 뒤의 내용이 서로 반대되는 내용임을 나타낼 때 사용한다.
-지만 is attached to an adjective, a verb, or 이다 to indicate that the content of the previous clause is the opposite of the following clause.

2 질문에 알맞은 대답을 찾아 써 보세요. 그리고 맞는지 들어 보세요.
Match the questions and answers. Then listen to check your answers.

42

(1) 어제 눈이 왔어요? ⓐ
(2) 주말에 많이 바빠요? ______
(3) 지유 씨는 노래를 잘해요? ______
(4) 브루나 씨는 오빠가 있어요? ______
(5) 민재 씨는 프랑스어도 할 수 있어요? ______

ⓐ 네. 눈이 왔지만 많이 안 왔어요.
ⓑ 아니요. 노래를 좋아하지만 잘 못해요.
ⓒ 아니요. 언니는 있지만 오빠는 없어요.
ⓓ 아니요. 평일은 바쁘지만 주말은 바쁘지 않아요.
ⓔ 아니요. 영어는 할 수 있지만 프랑스어는 못해요.

3 다음을 보고 '-지만'을 사용해서 빈칸에 써 보세요.

Look at the following pictures and write in the blanks using -지만.

(1)

A 기숙사 방은 어때요?

B 깨끗하지만 크지 않아요.

(2)

A 이 옷은 어때요? 디자인이 멋있지 않아요?

B 디자인은 ____________ 값이 너무 비싸요.

(3)

A 오늘 리카와 다니엘이 학교에 왔어요?

B 아니요. 리카는 학교에 ____________ 다니엘은 안 왔어요.

(4)

A 타나펀 씨는 수영도 할 수 있고 스키도 탈 수 있어요?

B 수영은 ____________ 스키는 못 타요.

(5)

A 올해도 방학에 제주도에 갔어요?

B 작년에 ____________ 올해는 못 갔어요.

4 반 친구들의 서로 다른 점에 대해 묻고 대답해 보세요. 그리고 대답을 써 보세요.

Ask your partner about the differences between your classmates. Then write his/her answers in the chart.

리카 씨, 브루나와 샤니는 뭐가 다릅니까?

브루나는 한국 친구가 많지만 샤니는 한국 친구가 많지 않습니다.

이름	두 사람은 무엇이 다릅니까?
브루나, 샤니	브루나는 한국 친구가 많지만 샤니는 한국 친구가 많지 않습니다.

듣고 말하기 Listening and speaking

1 **다음은 한국 사람들이 좋아하는 수박과 붕어빵, 냉면이에요. 언제 먹는지 말해 보세요.**

Below are pictures of watermelons, fish-shaped buns, and cold noodles that Koreans enjoy eating. Guess when they eat each food.

수박

붕어빵

냉면

2 **지유와 레아의 대화예요. 잘 듣고 물음에 답해 보세요.** 43

Listen to the conversation between Jiyu and Léa and answer the questions.

(1) 두 사람이 말하는 상황으로 맞는 것을 골라 보세요.

Choose the situation that Jiyu and Léa are talking about.

① 

② 

③ 

(2) 들은 내용과 같으면 ○, 다르면 ×로 표시해 보세요.

Mark ○ if it is true, × if it is false.

① 장마가 끝나면 날씨가 덥지 않고 시원해요. (　　　)

② 지유는 팥빙수를 안 좋아해요. (　　　)

③ 레아와 지유는 내일 팥빙수를 먹으러 갈 거예요. (　　　)

3 **다니엘의 이야기예요. 잘 듣고 물음에 답해 보세요.** 44

Listen to Daniel's story and answer the questions.

(1) 무엇에 대해 이야기하는지 골라 보세요.

Choose the food he is talking about.

① 독일의 여름 음식　　② 한국의 겨울 간식　　③ 한국의 여름 음식

(2) 들은 내용과 같은 것을 골라 보세요.

Choose the true statement from Daniel's story.

① 다니엘은 팥을 좋아합니다.　　② 다니엘은 붕어빵을 작년에 처음 먹었습니다.

③ 붕어빵은 맛있지만 다니엘은 안 먹고 싶습니다.

4 여러분 나라의 계절 음식에 대해 사진을 보여 주면서 이야기해 보세요.

Talk about seasonal foods in your country by showing pictures.

(1) 여러분 나라의 계절 음식에 대해 써 보세요.
Write in the chart a seasonal food in your country.

이름	이 음식 이름이 뭐예요?	무슨 계절에 먹어요?	이 음식을 자주 먹어요?
지유	냉면이에요.	여름에 많이 먹어요.	한국 사람들은 여름에 자주 먹지만 저는 자주 안 먹어요.
나 ________			
친구 ________			

(2) 친구와 소개하고 싶은 계절 음식의 사진을 서로에게 보여 주면서 그 계절 음식에 대해 묻고 대답해 보세요. 그리고 친구의 대답을 (1)에 써 보세요.
Talk about seasonal foods that you and your partner want to introduce by showing pictures to each other. Then write your partner's answers in the chart above.

A 이 음식 이름이 뭐예요?
B 냉면이에요.
A 무슨 계절에 먹어요?
B 여름에 많이 먹어요.
A 지유 씨도 이 음식을 자주 먹어요?
B 한국 사람들은 여름에 자주 먹지만 저는 자주 안 먹어요.

(3) 3~4명씩 모이세요. (2)에서 소개받은 계절 음식의 사진을 보여 주면서 그 음식에 대해 묻고 대답해 보세요.
In groups of three to four, talk about the food introduced in (2) by showing pictures.

한국 음식이에요?

무슨 계절에 먹어요?

이 음식 이름이 뭐예요?

________ 씨도 좋아해요? 자주 먹어요?

(4) 팀에서 먹어 보고 싶은 음식을 선택해서 발표해 보세요.
Choose the food your group members want to try and present them to the class.

이 음식은 한국 음식이에요. 이 음식 이름은 냉면이에요. 한국 사람들이 여름에 많이 먹어요. ……
우리도 이 음식을 먹고 싶어요.

읽고 쓰기 Reading and writing

1 **다음 사진을 보세요. 제이슨은 여름과 겨울에 무엇을 하는지 말해 보세요.**
Look at the pictures. Talk about what Jason does in summer and winter.

여름과 겨울

저는 여름과 겨울이 좋습니다. 여름에는 날씨가 덥습니다. 그래서 바다에 많이 갑니다. 바다에 가면 바닷가의 카페에서 음악도 듣고 책도 읽습니다. 그리고 바다에서 낚시도 하고 생선회도 먹습니다.

겨울에는 눈이 오고 춥습니다. (Ⓐ) 거기에서 스노보드를 탑니다. (Ⓑ) 겨울이 춥지만 스노보드를 타면 춥지 않습니다. (Ⓒ) 스키장에 가지 않으면 실내 농구장에서 농구를 많이 합니다. 실내에서 농구를 하면 춥지 않습니다. 그래서 친구들과 자주 갑니다. 여름에 여행도 하고 겨울에 운동도 합니다. 그래서 저는 여름과 겨울을 즐겁게 보낼 수 있습니다.

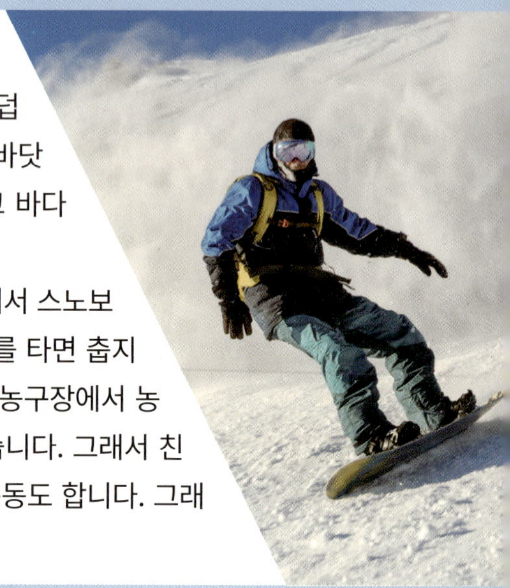

2 **위의 글은 제이슨의 여름과 겨울 활동에 대한 내용이에요. 읽고 답해 보세요.**
The passage above is about Jason's summer and winter activities. Read and answer the questions.

(1) 다음 중 여름에 하는 일에는 '여름', 겨울에 하는 일에는 '겨울'을 써 보세요.
Write in the blanks '여름' for summer activities and '겨울' for winter activities.

① 실내에서 농구를 합니다. (　　　　)　　② 카페에서 책을 읽습니다. (　　　　)

③ 바다에서 낚시를 합니다. (　　　　)

(2) 읽은 내용과 같으면 ○, 다르면 ×로 표시해 보세요. Mark ○ if it is true, × if it is false.

① 저는 여름은 좋아하지만 겨울은 싫어합니다. (　　)

② 여름에 바닷가 카페에서 음악을 듣습니다. (　　)

③ 겨울에 생선회를 자주 먹습니다. (　　)

(3) 다음 문장이 들어갈 알맞은 곳을 골라 보세요. Choose the appropriate place for the following sentence.

> 저는 눈이 오면 스키장에 갑니다.

① Ⓐ　　② Ⓑ　　③ Ⓒ

3 여러분이 좋아하는 계절과 그 계절에 하는 활동에 대한 글을 써 보세요.
Write about your favorite season and what activities you do in that season.

(1) 다음 질문을 보고 메모해 보세요.
Write a note about the following questions.

무슨 계절을 좋아합니까?	
그 계절의 날씨는 어떻습니까?	
그 계절에 어떤 활동을 많이 합니까?	

(2) 위의 메모를 바탕으로 좋아하는 계절의 날씨와 활동에 대한 글을 써 보세요.
Based on the notes above, write about your favorite season, weather and activities you do in that season.

문화 Culture

재미있는 날씨 표현
Interesting weather expressions

준비하기

- 다음의 꽃샘추위와 찜통더위는 어떤 날씨일까요?
  Look at the pictures. What kind of weather are 꽃샘추위(flower-scented cold snap) and 찜통더위(steaming heat)?

©중앙뉴스

알아보기

- 이른 봄이 지나 따뜻해져서 꽃이 필 때쯤 다시 날씨가 잠시 추워지는 것을 '꽃샘추위'라고 해요.
  꽃샘추위(flower-scented cold snap) refers to the brief cold weather that comes back in the early spring when it gets warmer and flowers start to bloom.

- 여름에는 매우 덥고 습도도 높은데 이같이 찌는 듯한 더위를 '찜통더위'라고 말해요.
  찜통더위(steaming heat) refers to scorching hot weather that results from high humidity in the summer.

- 11월에 있는 대학교 입학시험 날이나 그 가까운 날만 되면 날이 갑자기 추워지는 경우를 '입시 한파'라고 해요. In November, around the time of the college entrance exam, the weather suddenly gets cold, which is called 입시 한파(the cold wave of the entrance exam).

©중앙일보

- 매우 춥고 혹독한 추위를 비유적으로 '동장군'이라고 해요.
  동장군(Jack Frost) is a metaphor used to describe very cold and harsh weather.

생각해 보기

- 이 표현들 중에서 가장 재미있는 것은 무엇이라고 생각하는지, 왜 그렇게 생각하는지 이야기해 보세요.
  Talk about the most interesting expression and your reason.

- 여러분이 날씨 때문에 힘들었던 경험이 있는지 서로 이야기해 보세요.
  Talk about experiences when you had a hard time because of the weather.

어휘와 표현 확인
Vocabulary and expressions check

의미를 아는 어휘나 표현에 ✓표 해 보세요.
Check(✓) the vocabulary or expressions that you know.

1 날씨가 맑고 따뜻해요

- □ 따뜻하다 to be warm
- □ 덥다 to be hot
- □ 시원하다 to be cool
- □ 쌀쌀하다 to be chilly
- □ 춥다 to be cold
- □ 맑다 to be sunny
- □ 흐리다 to be cloudy
- □ 바람이 불다 to be windy
- □ 비가 오다 to be raining
- □ 비가 그치다 to stop raining
- □ 눈이 내리다 to be snowy
- □ 안개가 끼다 to be foggy
- □ 날씨 weather
- □ 포르투갈 Portuguese
- □ 리스본 Lisbon
- □ 상파울루 Sao Paulo
- □ 가끔 occasionally
- □ 시애틀 Seattle
- □ 파리 Paris
- □ 우산 umbrella
- □ 장갑 gloves
- □ 목도리 muffler
- □ 방콕 Bangkok
- □ 선글라스 sunglasses
- □ 선크림 sunscreen

2 겨울이 되면 스키를 타러 가요

- □ 봄 spring
- □ 여름 summer
- □ 가을 fall
- □ 겨울 winter
- □ 꽃구경을 하다 to go see the flowers
- □ 소풍을 가다 to go on a picnic
- □ 물놀이를 하다 to play in the water
- □ 서핑을 하다 to go surfing
- □ 단풍을 구경하다 to see the autumn leaves
- □ 낙엽 길을 걷다 to walk on a deciduous path
- □ 눈사람을 만들다 to make a snowman
- □ 눈 축제에 가다 to go to a snow festival
- □ 해외여행 overseas trip
- □ 목 neck
- □ 아프다 to be sick
- □ 스트레스를 받다 to be stressed out
- □ 잠이 오다 to be sleepy
- □ 기분 emotion
- □ 멕시코 Mexico
- □ 거의 nearly
- □ 꽃이 피다 Flowers blossom.
- □ 포도주 wine
- □ 나비 butterfly
- □ 축제가 열리다 A festival is held.

3 봄은 좋아하지만 여름은 안 좋아해요

- □ 삼계탕 chicken soup with ginseng
- □ 오래 long
- □ 프랑스어 French
- □ 디자인 design
- □ 다르다 to be different
- □ 수박 watermelon
- □ 붕어빵 fish-shaped bun
- □ 냉면 cold noodles
- □ 장마 rainy season
- □ 팥빙수 shaved ice with red beans
- □ 간식 snack
- □ 바로 right away
- □ 달다 to be sweet
- □ 계절 season
- □ 낚시를 하다 to go fishing
- □ 싫어하다 to dislike
- □ 생선회 slices of raw fish
- □ 실내 농구장 indoor basketball court
- □ 스키장 ski resort

11 단원 Unit

교통
Transportation

1 명동에 가려고 해요
I am going to visit Myungdong

- 교통수단
  Vocabulary and expressions : Means of transportation
- V-으려고 하다/려고 하다
  Grammar : V-으려고 하다/려고 하다
- 목적지에 가는 방법에 대해 듣고 말하기
  Listening and speaking about ways to get to destinations

* ㄴ 첨가
  Pronunciation: ㄴ addition

2 오른쪽으로 가세요
Go to the right

- 이동
  Vocabulary and expressions: Transportation
- N으로/로(방향)
  Grammar: N으로/로(direction)
- 가는 길에 대해 읽고 말하기
  Reading and speaking about directions

3 지하철을 타야 돼요
You have to take the subway

- V-아야 되다/어야 되다
  Grammar: V-아야 되다/어야 되다
- 대중교통 이용 방법에 대해 듣고 말하기
  Listening and speaking about public transportation
- 대중교통 이용 경험에 대한 글 읽고 쓰기
  Reading and writing about public transportation

문화 | 지하철역 이름의 유래
Culture: The origin of the names of subway stations

1

2

3

다음 표현에 알맞은 사진을 찾아서 번호를 써 보세요.

Match the expressions with the pictures and write the number in the box.

☐ 똑바로 가세요.

☐ 여기에서 갈아타세요.

☐ 버스를 타면 갈 수 있어요.

1 명동에 가려고 해요
I am going to visit Myungdong

어휘와 표현 Vocabulary and expressions

1 **다음은 교통수단이에요. 어휘를 소리 내서 읽어 보세요.**
The pictures illustrate different means of transportation. Read the words aloud.

① 배	② 기차	③ 버스	④ 택시	⑤ 비행기

⑥ 지하철	⑦ 자전거	⑧ 오토바이	⑨ 고속버스	⑩ 공항버스

2 **다음을 보고 각 장소에 어떻게 가는지 친구와 묻고 대답해 보세요.**
Ask and answer questions about how to get to each place and what transportation to take.

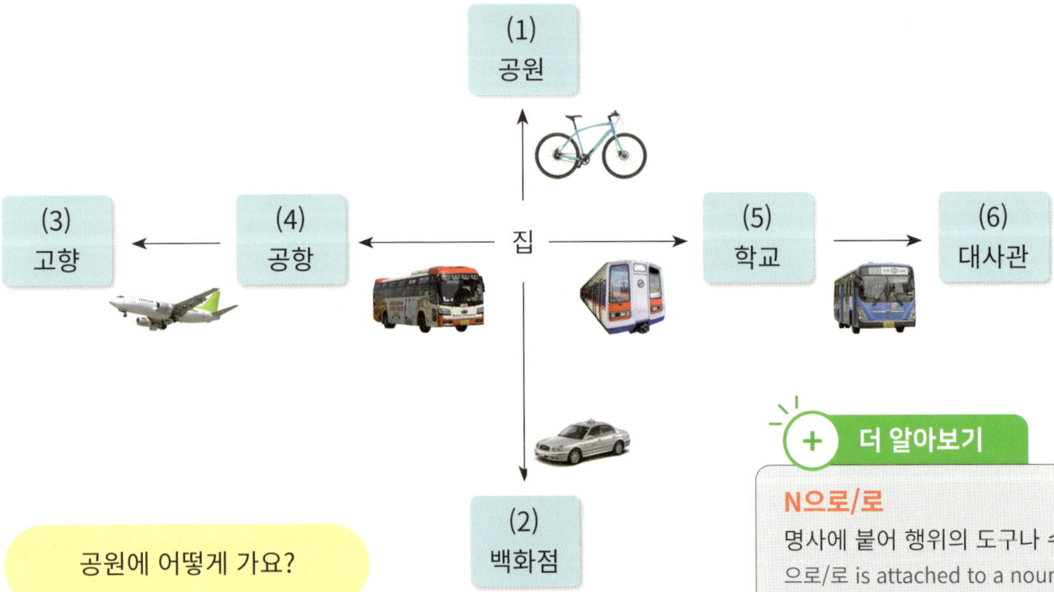

공원에 어떻게 가요?

자전거로 가요.

+ 더 알아보기

N으로/로
명사에 붙어 행위의 도구나 수단을 나타낸다.
으로/로 is attached to a noun to indicate the tools or means of the action.

예) 인터넷으로 예매했어요.
휴대 전화로 영화를 봐요.
지하철로 가세요.

문법 Grammar

1 대화를 듣고 다음 질문에 알맞은 답을 골라 보세요.
Listen to the conversations. Then choose the correct answer to each question.

45

(1) 주말에 약속이 있어요?

①

②

(2) 졸업 후에 무슨 계획이 있어요?

①

②

V-으려고 하다/려고 하다

A 졸업 사진을 찍었어요?
B 아니요. 다음 주에 찍**으려고 해요.**

A 타나펀 씨, 기차표를 샀어요?
B 아직 안 샀어요. 그래서 지금 기차표를 예매하**려고 해요.**

A 리카 씨, 왜 일찍 일어났어요?
B 오늘 시험이 있어요. 그래서 학교에 일찍 가**려고 해요.**

A 오늘 저녁에 뭘 먹을 거예요?
B 김치찌개를 만들**려고 해요.**

'-으려고 하다/려고 하다'는 동사에 붙어 어떤 일이나 행위를 하는 의도나 계획이 있음을 나타낼 때 사용한다.
-으려고 하다/려고 하다 is attached to a verb to indicate that there is an intention or plan to do something.

받침 ○ + 으려고 하다

받침 ×, ㄹ + 려고 하다

2 질문에 알맞은 대답을 찾아 써 보세요. 그리고 맞는지 들어 보세요.
Match the questions and answers. Then listen to check your answers.

46

(1) 등산을 좋아해요? ⓑ
(2) 어제 그 영화 봤어요? ______
(3) 지금 기숙사에서 살아요? ______
(4) 친구 생일 선물을 샀어요? ______
(5) 도서관에서 뭐 할 거예요? ______

ⓐ 공부도 하고 책도 빌리려고 해요.
ⓑ 네. 그래서 이번 주말에 등산하러 가려고 해요.
ⓒ 아니요. 못 샀어요. 오늘 수업 후에 사려고 해요.
ⓓ 아니요. 다음 학기부터 기숙사에서 살려고 해요.
ⓔ 네. 봤어요. 재미있었어요. 그래서 다음 주에 또 보려고 해요.

3 사람들이 올해 무엇을 하려고 하는지 계획을 말해 보세요.

Ask and answer questions about the people's plans for this year.

(1) 다니엘

(2) 레아

(3) 리카

(4) 제이슨

(5) 샤오동

(6) 샤니

A 다니엘 씨는 올해 무슨 계획이 있어요?

B 자동차를 사려고 해요.

4 한국에서 무엇을 하려고 하는지 친구들과 묻고 대답해 보세요. 그리고 친구들의 대답을 써 보세요.

Ask your classmates about any plans in Korea. Then write their answers in the chart.

A 타나펀 씨, 무슨 계획이 있어요?

B 저는 여행을 하려고 해요.

A 그래서 지금 무엇을 하고 있어요?

B 돈을 모으고 있어요.

이름	무슨 계획이 있어요?	지금 무엇을 하고 있어요?
타나펀	여행을 하려고 해요.	돈을 모으고 있어요.

듣고 말하기 Listening and speaking

1 다음은 목적지까지 걸리는 시간이에요. 목적지까지 시간이 얼마나 걸리는지 말해 보세요.

The following is the time that it takes to reach a destination. Talk about how long it takes to get to each destination.

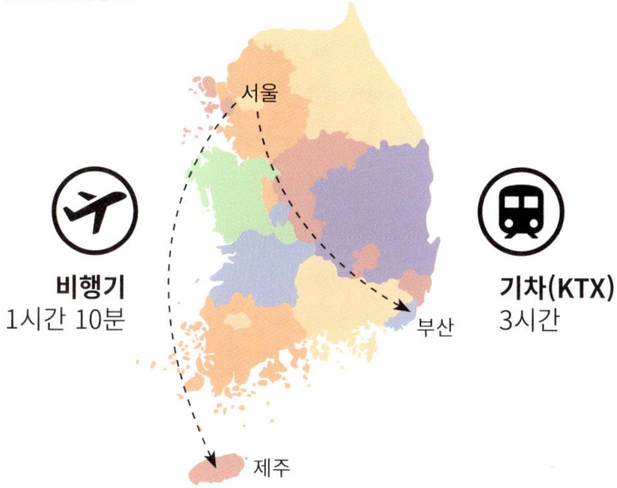

더 알아보기

N에서 N까지

'에서'는 명사에 붙어 행위나 상태의 출발점, '까지'는 명사에 붙어 시간이나 공간 범위의 끝 지점을 나타낸다.

에서 is attached to a noun to indicate the starting point of an action or state, and 까지 is attached to a noun to describe the end point of a time or space range.

예) 서울에서 제주도까지 시간이 얼마나 걸려요?
기숙사에서 학교까지 10분 걸려요.

2 잘 듣고 물음에 답해 보세요.

Listen carefully and answer the questions. 47

(1) 레아와 타나펀의 대화예요. 들은 내용과 같으면 ○, 다르면 ×로 표시해 보세요.
Listen to the conversation between Léa and Thanaporn. Mark ○ if it is true, × if it is false.

① 레아는 30분 후에 서울역에 가려고 해요. (　　　) ② 서울역에 버스로 갈 수 없어요. (　　　)
③ 서울역까지 지하철로 30분 걸려요. (　　　)

(2) 제이슨과 샤니의 대화예요. 샤니가 오늘 일찍 자려고 하는 이유가 무엇인지 골라 보세요.
Listen to the conversation between Jason and Shani. Choose why Shani is going to bed early today.

① 새벽 6시 비행기예요. ② 비행기 표를 사려고 해요.
③ 내일 아침에 여행 준비를 할 거예요.

3 샤오동과 리카의 대화예요. 잘 듣고 물음에 답해 보세요.

Listen to the conversation between Xiaodong and Rika and answer the questions. 48

(1) 가는 방법에 대해 맞는 것을 골라 보세요.
Choose the true statement about getting to the destination.

① 우체국 앞에서 버스를 탈 수 있어요. ② 지하철은 쇼핑몰에 안 가요.
③ 버스를 타면 시간이 오래 걸려요.

(2) 샤오동은 내일 무엇을 하려고 해요?
What is Xiaodong going to do tomorrow?

4 다음과 같이 목적지에 가는 방법에 대해 대화해 보세요.

Practice this conversation about how to get to the destination by using the words provided below.

브루나 내일 수업 후에 친구를 만나러 명동에 가려고 해요. 여기에서 명동까지 어떻게 가요?

다니엘 지하철 4호선을 타세요.

브루나 혹시 버스로 갈 수 있어요?

다니엘 네. 학교 앞에서 7011번 버스를 타면 갈 수 있어요.

브루나 시간이 얼마나 걸려요?

다니엘 버스는 30분쯤 걸리고 지하철은 20분쯤 걸려요.

(1) 명동	(2) 인사동	(3) 강남	(4)
지하철 4호선	지하철 3호선	지하철 2호선	
7011번 버스	272번 버스	470번 버스	
30분, 20분	15분, 25분	1시간, 50분	

발음 Pronunciation

1. 잘 듣고 맞는 것에 ✓표 해 보세요.

Listen carefully and check(✓) the box with the correct answer.

49

(1) 명동역 [□ 명동녁, □ 명동역]

(2) 지난여름 [□ 지난녀름, □ 지나녀름]

(3) 길옆 [□ 기렵, □ 길렵]

(4) 잠실역 [□ 잠시력, □ 잠실력]

ㄴ 첨가 ㄴ addition

합성어에서 앞 단어의 끝이 자음이고 뒤 단어의 첫음절이 '여'인 경우에는 'ㄴ'음을 첨가하여 [녀]로 발음한다. 단 앞 단어의 끝이 'ㄹ' 받침인 경우 뒤에 첨가되는 'ㄴ'음은 [ㄹ]로 발음한다.

In compounds, if the end of the previous word is a consonant and the first syllable of the next word is 여, it is pronounced as [녀] with the addition of ㄴ. However, if the previous word ends in the final consonant ㄹ, the ㄴ added after it is pronounced as [ㄹ].

한여름 [한녀름]

신촌역 [신촌녁]

지하철역 [지하철녁] → [지하철력]

주말여행 [주말녀행] → [주말려행]

2. 잘 듣고 따라 해 보세요.

Listen carefully and repeat the following sentences.

50

(1) 강남역에서 만나요.

(2) 용산역이 어디에 있어요?

(3) 배낭여행을 하려고 해요.

(4) 길옆에 있어요.

(5) 연말연시 잘 보내세요.

(6) 올여름도 더울 거예요.

2 오른쪽으로 가세요
Go to the right

어휘와 표현 Vocabulary and expressions

1 **다음은 이동하는 과정이에요. 그림에 맞는 표현을 소리 내서 읽어 보세요.** The pictures illustrate how to reach the destination. Match the expressions with the pictures. Then read them aloud.

① 출발해요	② 들어가요	③ 내려가요	④ 지하철을 타요
⑤ 갈아타요	⑥ 지하철에서 내려요	⑦ 올라가요	⑧ 나가요
⑨ 걸어가요	⑩ 횡단보도를 건너요	⑪ 정문을 지나요	⑫ 도착해요

2 **위의 그림을 보면서 제이슨이 무엇을 하고 있는지 친구와 묻고 대답해 보세요.**
Look at the pictures above. Ask and answer questions about what Jason is doing.

제이슨은 지금 뭐 해요?

출발해요.

문법 Grammar

1 다음을 듣고 대화를 읽어 보세요. 은행까지 어떻게 가요?
Listen and read the conversation. How can Jason get to the bank?

51

N으로/로(방향)

A 대사관이 어디에 있어요?
B 오른쪽으로 가세요.

A 방학에 뭐 할 거예요?
B 전주로 여행을 갈 거예요.

A 지유 씨, 리카 씨가 어디로 갔어요?
B 1층으로 내려갔어요.

A 어디에서 고속버스를 탈 수 있어요?
B 고속버스터미널로 가세요. 거기에서 탈 수 있어요.

'으로/로'는 명사에 붙어 향하는 목적지 또는 움직임의 방향을 나타낼 때 사용한다.
으로/로 is attached to a noun to indicate a destination or direction of movement.

받침 ○ + 으로　　　　받침 ×, ㄹ + 로

2 질문에 알맞은 답을 찾아 써 보세요. 그리고 맞는지 들어 보세요.
Match the questions and answers. Then listen to check your answers.

52

(1) 근처에 미술관이 있어요? ___ⓓ___
(2) 화장실이 어디에 있어요? ______
(3) 여행을 어디로 갈 거예요? ______
(4) 오늘 모임은 학교 앞 식당에서 해요? ______
(5) 여보세요, 지금 몇 번 출구에 있어요? ______

ⓐ 브라질로 가려고 해요.
ⓑ 저쪽으로 가면 화장실이 있어요.
ⓒ 네. 수업이 끝나면 그 식당으로 오세요.
ⓓ 네. 있어요. 여기에서 오른쪽으로 가세요.
ⓔ 저는 지금 3번 출구에 있어요. 3번 출구로 나오세요.

3 그림을 보면서 학생 A와 학생 B가 되어 다음 장소에 어떻게 가는지 묻고 대답해 보세요. 그리고 빈칸에 장소의 번호와 이름을 알맞게 써 보세요. With student B, ask and answer questions about how to get to the following places. Then fill in the blanks.

학생 B p.144 >

학생 A (1) 약국 (3) 빵집 (5) 영화관 (7) 피시방

A 실례합니다. 약국이 어디에 있어요?

B 4층으로 올라가세요. 병원 바로 옆에 있어요.

4 어디로 신혼여행을 가고 싶은지 친구들과 묻고 대답해 보세요. 그리고 친구들의 대답을 써 보세요.
Ask your classmates where they want to go for their honeymoon. Then write their answers in the chart.

A 브루나 씨, 어디로 신혼여행을 가고 싶어요?
B 프랑스로 가고 싶어요.

A 왜 거기로 가고 싶어요?
B 에펠탑을 보고 싶어요.

이름	어디로 신혼여행을 가고 싶어요?	왜 거기로 가고 싶어요?
브루나	프랑스로 가고 싶어요.	에펠탑을 보고 싶어요.

읽고 말하기 Reading and speaking

1 다음 사진을 보세요. 모임을 어디에서 하는지, 그 장소가 어디에 있는지 말해 보세요.
Look at the picture. Talk about the place of the meeting and its location.

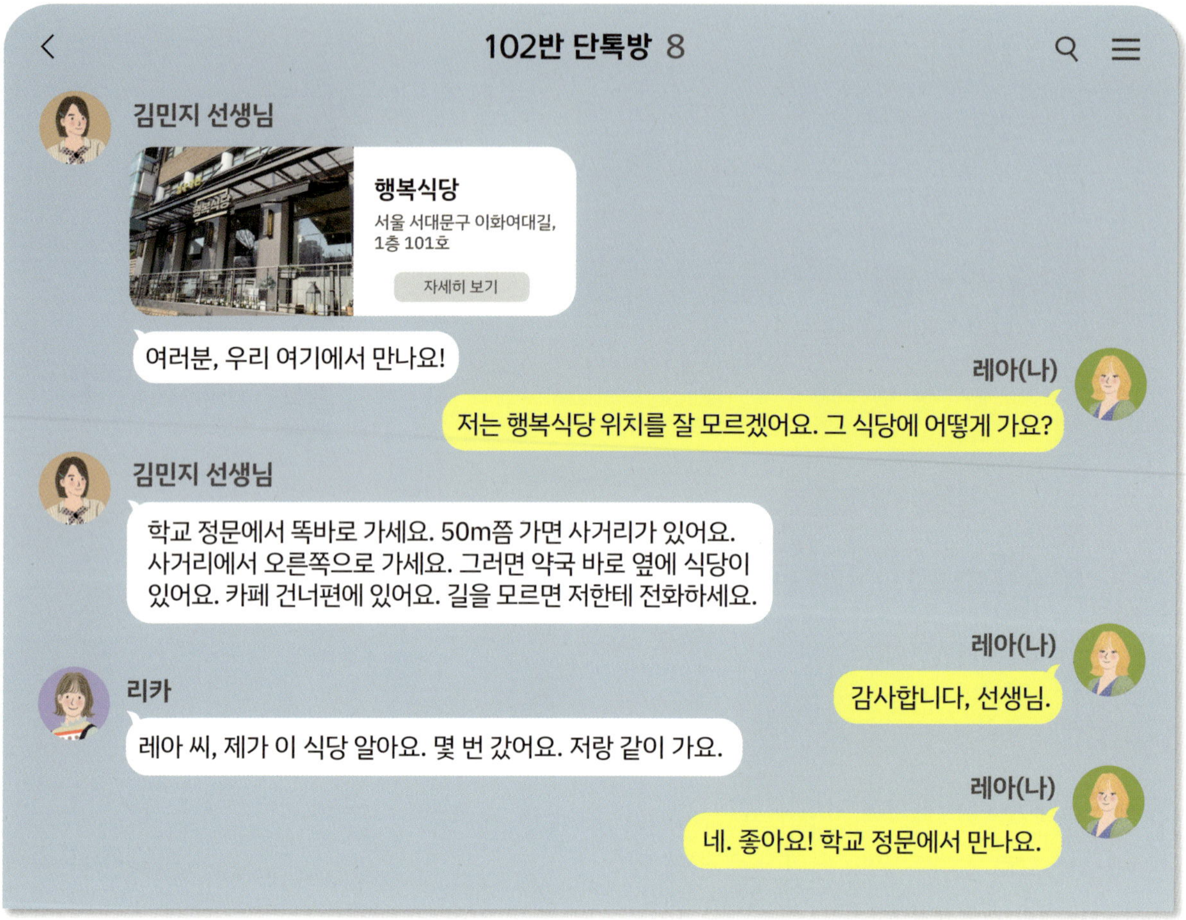

2 위의 글은 모임 안내에 대한 내용이에요. 읽고 답해 보세요.
The text message above is about an upcoming meeting. Read and answer the questions.

(1) 우리 반 모임 장소가 어디인지 골라 보세요. Choose the place for the class meeting.

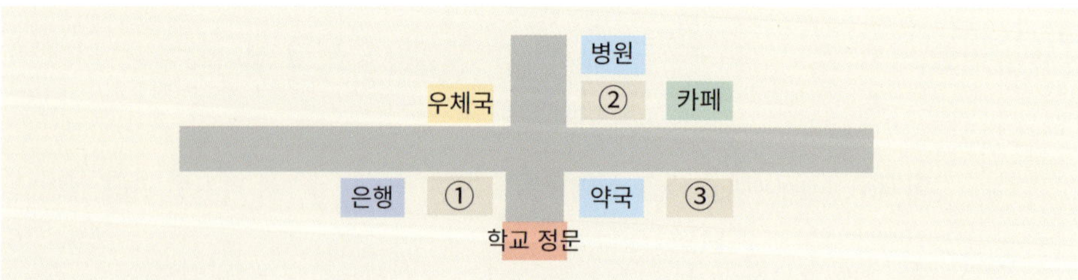

(2) 읽은 내용과 같으면 ○, 다르면 ×로 표시해 보세요. Mark ○ if it is true, × if it is false.

① 레아는 이 식당 위치를 잘 알아요. ( )

② 리카가 김미나 선생님에게 전화할 거예요. ( )

③ 레아는 리카를 학교 정문에서 만나려고 해요. ( )

3 역할극을 해 보세요. Do a roleplay.

(1) 다니엘과 서준이 약국에 가는 길에 대해 이야기하고 있어요. 여러분이 다니엘과 서준이 되어 대화해 보세요.
Daniel and Seojun are talking about directions to a pharmacy. Roleplay as Daniel and Seojun.

다니엘
근처에 약국이 있는지, 어떻게 가는지 서준에게 물어보세요.
Ask Seojun if there is a pharmacy nearby and how to get there.

서준
약국까지 가는 길을 대답해 보세요.
Answer how to get to the pharmacy.

근처에 약국이 있어요? → 여기에서 어떻게 가요? → 사거리에 약국이 있어요?

기능 표현 길 묻고 답하기 Asking for and providing directions

A 여기에서 어떻게 가요?
B 똑바로 가세요. 그러면 병원이 있어요. / 왼쪽으로 가세요. 그러면 식당이 나올 거예요. / 오른쪽으로 가세요. 그럼 편의점이 보일 거예요.

다니엘	서준 씨, 혹시 학교 근처에 약국이 있어요?
서준	네. 있어요.
다니엘	여기에서 어떻게 가요?
서준	똑바로 가세요. 그러면 편의점이 있어요. 편의점에서 오른쪽으로 가세요. 사거리가 나올 거예요.
다니엘	사거리에 약국이 있어요?
서준	네. 우체국 맞은편에 약국이 있어요.

(2) 여러분 학교 근처에 있는 우체국, 백화점, 마트 등에 어떻게 가는지 가는 길에 대해 대화해 보세요.
Talk about how to get to the post office, department store, grocery store etc. near your school.

3 지하철을 타야 돼요
You have to take the subway

문법 Grammar

1 다음을 읽어 보세요. 한국어능력시험(TOPIK Ⅰ) 안내문이에요. 시험장에 몇 시까지 가야 해요?
Read the notice for the Test of Proficiency in Korean(TOPIK Ⅰ). What time do the test-takers have to arrive at the test site?

한국어능력시험(TOPIK Ⅰ) 안내

- **시험 날짜**: 10월 28일 일요일
- **시험 시간**: 오전 10시~오전 11시 40분
- **시험 준비물**: 신분증

★ 9시 20분까지 교실에 꼭 도착해야 됩니다.

TEST OF PROFICIENCY IN KOREAN

V-아야 되다/어야 되다

A 여기에서 백화점까지 어떻게 가요?
B 지하철을 타야 돼요.

A 샤니 씨, 주말에 뭐 할 거예요?
B 다음 주가 시험이에요. 그래서 공부해야 돼요.

A 이 약은 언제 먹어야 돼요?
B 식사 후에 먹어야 돼요.

A 어떻게 하면 한국어를 잘할 수 있습니까?
B 선생님의 설명을 잘 들어야 합니다.

'-아야 되다/어야 되다'는 동사에 붙어 어떤 행위를 해야 할 의무나 필요성을 나타낼 때 사용한다. 구어나 비격식적인 상황에서 많이 사용하며, 문어나 격식적인 상황에서는 '-아야 하다/어야 하다'를 많이 사용한다.
-아야 되다/어야 되다 is attached to a verb to indicate an obligation or necessity to do something. It is often used in spoken or informal situations, and -아야 하다/어야 하다 is mainly used in written or formal situations.

ㅏ, ㅗ + 아야 되다 | ㅏ, ㅗ 외의 모음 + 어야 되다 | 하다 → 해야 되다

2 질문에 알맞은 대답을 찾아 써 보세요. 그리고 맞는지 들어 보세요.
Match the questions and answers. Then listen to check your answers.

53

(1) 수업 후에 시간이 있어요? ⓓ
(2) 오늘 꼭 시장에 가야 돼요? ______
(3) 언제까지 비자를 받아야 합니까? ______
(4) 도서관에서 책을 빌릴 수 있어요? ______
(5) 요즘 잘 못 자요. 어떻게 해야 돼요? ______

ⓐ 다음 주까지 꼭 받아야 합니다.
ⓑ 커피를 많이 마시지 말아야 돼요.
ⓒ 네. 그런데 학생증이 있어야 돼요.
ⓓ 아니요. 수업 후에 아르바이트를 해야 돼요.
ⓔ 네. 내일 집에 고향 친구가 와요. 오늘 시장에 가야 돼요.

3 다음을 보고 '-아야 되다/어야 되다'를 사용해서 빈칸에 써 보세요.

Look at the following pictures and write in the blanks using -아야 되다/어야 되다.

(1)

A 리카 씨, 이번 주말에 같이 놀러 가요.

B 미안해요. 주말에 청소해야 돼요.

(2)

A 어디에서 내려요?

B 서울역에서 ______________________ .

(3)

A 머리가 많이 아파요.

B 아프면 ______________________ . 오늘 하루 푹 쉬세요.

(4)

A 내일 몇 시 기차예요?

B 아침 10시 기차예요. 그래서 7시에 ______________________ .

(5)

A 오늘 수업 후에 뭐 할 거예요?

B 내일이 친구 생일이에요. 그래서 오늘 선물을 ______________________ .

4 한국어 수업 시간에 어떤 규칙이 있는지 친구와 묻고 대답해 보세요. 그리고 친구의 대답을 써 보세요.

Ask your partner about the rules in Korean class. Then write his/her answers in the chart.

한국어 수업 시간에 어떤 규칙이 있어요?

한국어로 말해야 돼요.

어떤 규칙이 있어요?
· 한국어로 말해야 돼요.
·
·
·
·

듣고 말하기 Listening and speaking

1 다음은 서울의 지하철 노선도예요. 이대역에서 광화문역까지 지하철로 어떻게 가야 하는지 말해 보세요. Using the subway map of Seoul, explain how to get from Ewha Womans University station to Gwanghwamun station.

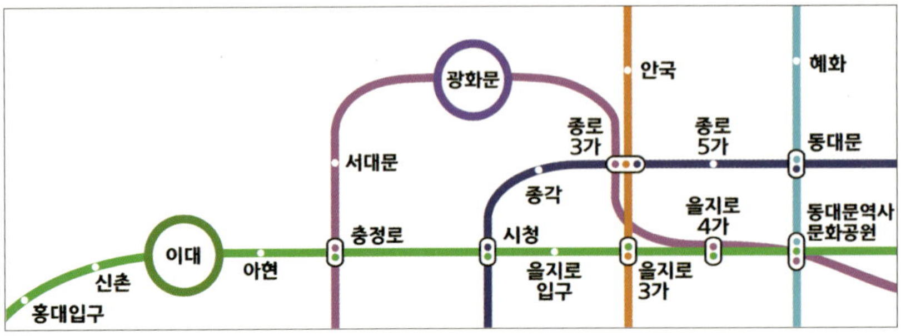

2 레아와 제이슨의 대화예요. 잘 듣고 물음에 답해 보세요.
Listen to the conversation between Léa and Jason and answer the questions.

54

(1) 광화문에 가는 방법으로 맞는 것을 골라 보세요.
Choose the method of transportation to reach Gwanghwamun.

① 학교 앞에서 470번 버스를 타야 돼요.
② 버스로 갈아타야 돼요.
③ 지하철로 가면 40분쯤 걸려요.

(2) 레아는 왜 광화문에 가요? Why is Léa going to Gwanghwamun?

3 샤오동과 지유의 대화예요. 잘 듣고 물음에 답해 보세요.
Listen to the conversation between Xiaodong and Jiyu and answer the questions.

55

(1) 이대에서 경복궁까지 가는 방법으로 알맞은 것을 골라 보세요.
Choose the way to get from Ewha Womans University to Gyeongbokgung.

① 이대역→을지로3가역→경복궁역
지하철 2호선 / 지하철 3호선

② 이대역→을지로4가역→경복궁역
지하철 2호선 / 지하철 5호선

③ 이대역→을지로입구역→경복궁역
지하철 2호선 / 40번 버스

(2) 들은 내용과 같으면 ○, 다르면 ×로 표시해 보세요. Mark ○ if it is true, × if it is false.

① 샤오동은 지난 주말에 경복궁을 구경했어요. (   )
② 경복궁역 5번 출구로 나가면 경복궁이 나올 거예요. (   )
③ 경복궁역에서 경복궁까지 5분 걸려요. (   )

4 대중교통으로 목적지에 가는 방법에 대해 이야기해 보세요.

Talk about how to get to a destination by public transportation.

(1) 대중교통으로 목적지에 가는 방법에 대해 묻고 대답해 보세요.
Ask and answer questions about how to get to the following destinations by public transportation.

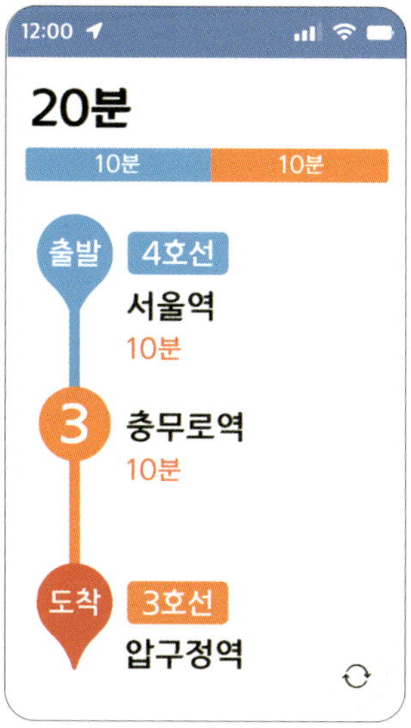

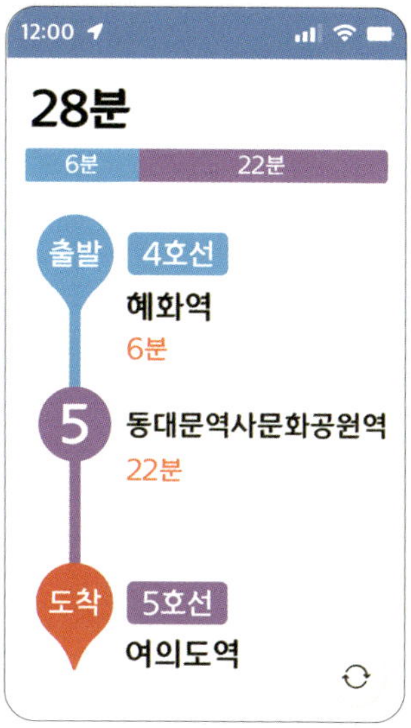

A 친구와 저녁을 먹으러 압구정에 가려고 해요. 서울역에서 압구정까지 어떻게 가요?

B 서울역에서 지하철 4호선을 타세요. 그리고 충무로역에서 3호선으로 갈아타세요.
그리고 압구정역에서 내리세요.

(2) 3~4명씩 모이세요. 여러분이 서울에서 가고 싶은 곳과 가는 방법 등을 이야기해 보고 써 보세요.
In groups of three to four, talk about where you want to visit in Seoul and how to get there. Then write down below.

어디에 가고 싶어요?

어디에서 출발해요?

거기까지 어떻게 가요?

시간이 얼마나 걸려요?

· 목적지: ______________

· 출발지: ______________

· 방법: ______________

____

· 시간: ______________

(3) 팀에서 정한 곳과 가는 방법에 대해 발표해 보세요.
Present one place that your group decided and explain how to get there.

우리는 압구정에 가고 싶습니다. 거기에서 같이 저녁을 먹을 겁니다. 서울역에서 지하철 4호선을 타야 됩니다. …… 서울역에서 압구정까지 20분쯤 걸립니다.

읽고 쓰기 Reading and Writing

1 **다음 그림을 보세요. 샤니가 지금 무엇을 하고 있는지 말해 보세요.**

Look at the picture. Talk about what Shani is doing now.

공항에서 학교까지

저는 한 달 전에 한국어를 공부하러 한국에 왔습니다. 인천공항 도착 후 지하철을 타려고 했지만 교통 카드가 없었습니다. 그래서 먼저 편의점에서 교통 카드를 사야 했습니다. 그리고 인천공항터미널역에서 지하철을 탔습니다. 지하철에 사람이 많았지만 조용하고 시원했습니다. 그리고 무료로 와이파이(Wi-Fi)를 이용할 수 있었습니다.

50분쯤 후에 홍대입구역에 도착했습니다. 거기에서 지하철 2호선으로 갈아탔습니다. 그리고 이대역에서 내렸습니다. 이대역에서 학교 기숙사까지 가까웠습니다. (　　Ⓐ　　) 그래서 저는 친구와 약속이 있으면 항상 지하철을 이용합니다.

2 **위의 글은 샤니의 대중교통 이용 경험에 대한 글이에요. 읽고 답해 보세요.**

The passage above is about Shani's public transportation experience. Read and answer the questions.

(1) 공항에서 기숙사까지 온 방법으로 맞는 것을 골라 보세요.

Choose the way to get from the airport to the dormitory.

① 인천공항터미널역에서 지하철 2호선을 탔습니다.

② 인천공항터미널역에서 이대역까지 50분 걸렸습니다.

③ 홍대입구역에서 지하철을 갈아탔습니다.

(2) 읽은 내용과 같으면 ○, 다르면 ×로 표시해 보세요. Mark ○ if it is true, × if it is false.

① 지하철에 사람이 많고 더웠습니다. (　　　)

② 지하철역에서 교통 카드를 샀습니다. (　　　)

③ 지하철에서 와이파이를 무료로 이용할 수 있었습니다. (　　　)

(3) Ⓐ에 들어갈 문장으로 알맞은 것을 골라 보세요. Choose the appropriate sentence for Ⓐ.

① 교통 카드가 비쌌습니다.　　② 지하철에 사람이 많았습니다.

③ 지하철 이용이 어렵지 않았습니다.

3 대중교통을 이용한 경험을 써 보세요.

Write about your experience using public transportation.

(1) 다음 질문을 보고 메모해 보세요.
Write a note about the following questions.

어느 나라에 갔습니까?	
그 나라에 왜 갔습니까?	
공항에서 숙소까지 어떻게 갔습니까?	
그 나라의 대중교통은 어땠습니까?	

(2) 위의 메모를 바탕으로 대중교통 이용 경험에 대한 글을 써 보세요.
Based on the notes above, write about your public transportation experience.

문화 Culture | 지하철역 이름의 유래 The origin of names of the subway stations

준비하기

- 다음은 종로3가역과 충무로역이에요. 지하철역 이름이 왜 종로3가와 충무로일까요?
  Below are pictures of Jongno 3-ga station and Chungmuro station. Why are the subway stations called Jongno 3-ga and Chungmuro?

알아보기

- ‘종로3가역’의 ‘종로’는 길 이름이에요. ‘로’는 한국어로 길을 의미해요. 즉 ‘종로’는 종이 있는 길을 말해요.
  ‘Jongno’ in ‘Jongno 3-ga station’ is the name of the road. ‘Ro’ means road in Korean. In other words, ‘Jongno’ is a road with a bell.

- ‘충무로역’의 ‘충무로’도 길 이름이에요. 이곳은 한국에서 가장 존경받는 위인 ‘충무공 이순신’의 이름을 따서 길 이름을 ‘충무로’라고 지었어요.
  ‘Chungmuro’ from ‘Chungmuro station’ is also a street name. It was named Chungmuro after the most respected soldier in Korea, Chungmugong Lee Soon Shin.

생각해 보기

- 광화문역, 선릉역, 압구정역, 여의나루역의 이름은 어떻게 지어졌을지 찾아보고 이야기해 보세요.
  Find out how Gwanghwamun station, Seolleung station, Apgujeong station, and Yeouinaru station were named and talk about it.

- 여러분이 한국에서 이용해 본 지하철역 중에 기억에 남는 역과 그 역의 특징에 대해 이야기해 보세요.
  Talk about the most memorable subway station you’ve experienced in Korea and its characteristics.

어휘와 표현 확인
Vocabulary and expressions check

의미를 아는 어휘나 표현에 ✓표 해 보세요.
Check(✓) the vocabulary or expressions that you know.

1 명동에 가려고 해요

- □ 배 ship
- □ 기차 train
- □ 버스 bus
- □ 택시 taxi
- □ 비행기 airplane
- □ 지하철 subway
- □ 자전거 bicycle
- □ 오토바이 motorcycle
- □ 고속버스 express bus
- □ 공항버스 airport bus
- □ 공항 airport
- □ 졸업 사진 graduation photo
- □ 일찍 early
- □ 기차표 train ticket
- □ 돈을 모으다 to save money
- □ (시간이) 걸리다 to take time
- □ 버스 정류장 bus stop
- □ 호선 line number

2 오른쪽으로 가세요

- □ 출발하다 to depart
- □ 들어가다 to enter
- □ 내려가다 to go down
- □ 지하철을 타다 to take the subway
- □ 갈아타다 to transfer
- □ 지하철에서 내리다 to get off the subway
- □ 올라가다 to go up
- □ 나가다 to go outside
- □ 걸어가다 to walk
- □ 횡단보도를 건너다 to cross the crosswalk
- □ 정문을 지나다 to pass through the main gate
- □ 도착하다 to arrive
- □ 왼쪽 left side
- □ 오른쪽 right side
- □ 터미널 terminal
- □ 화장실 toilet
- □ 빵집 bakery
- □ 미용실 hair salon
- □ 옷 가게 clothing store
- □ 노래방 singing room
- □ 신혼여행 honeymoon
- □ 위치 location
- □ 똑바로 straight
- □ 사거리 intersection
- □ 건너편 across the street/side
- □ 나오다 to appear
- □ 보이다 to be seen
- □ 맞은편 the opposite side

3 지하철을 타야 돼요

- □ 한국어능력시험 Test of Proficiency in Korean(TOPIK)
- □ 안내 guide
- □ 준비물 preparation materials
- □ 신분증 ID card
- □ 약 medicine
- □ 설명 explanation
- □ 비자 visa
- □ 학생증 student ID card
- □ 머리 head
- □ 푹 deeply
- □ 규칙 rule
- □ 목적지 destination
- □ 출발지 departure point
- □ 방법 method
- □ 교통 카드 transportation card
- □ 무료 for free
- □ 와이파이 Wi-Fi
- □ 이용 use
- □ 가깝다 to be near
- □ 항상 always
- □ 숙소 lodging
- □ 대중교통 public transportation

12 단원 Unit

약속
Appointments

1 같이 점심을 먹을까요?
Shall we have lunch together?

- 상태 ②
  Vocabulary and expressions: Condition ②
- V-을까요?/ㄹ까요?
  Grammar: V-을까요?/ㄹ까요?
- 약속 시간, 장소에 대해 듣고 말하기
  Listening and speaking about appointment time and location

* 격음화 ②
Pronunciation: Aspiration ②

2 친구가 와서 공항에 가야 돼요
I have to go to the airport because my friend has arrived

- 약속
  Vocabulary and expressions: Appointment
- A/V-아서/어서
  Grammar: A/V-아서/어서
- 약속 변경에 대해 읽고 말하기
  Reading and speaking about changes to an appointment

3 저녁을 먹고 노래방에 가요
Let's go to the singing room after dinner

- V-고(순서)
  Grammar: V-고(order)
- 송별회 계획에 대해 듣고 말하기
  Listening and speaking about plans for a farewell party
- 자신과의 약속에 대한 글 읽고 쓰기
  Reading and writing about promises made to oneself

문화 | 모임
Culture: Gathering

1

2

3

다음 표현에 알맞은 사진을 찾아서 번호를 써 보세요.

Match the expressions with the pictures and write the number in the box.

☐ 송별회를 해요.

☐ 약속에 늦었어요.

☐ 도서관 앞에서 만나요.

1 같이 점심을 먹을까요?
Shall we have lunch together?

어휘와 표현 Vocabulary and expressions

1 **다음은 약속 장소예요. 그림에 맞는 표현을 소리 내서 읽어 보세요.**
The pictures illustrate a meeting place. Match the expressions with the pictures. Then read them aloud.

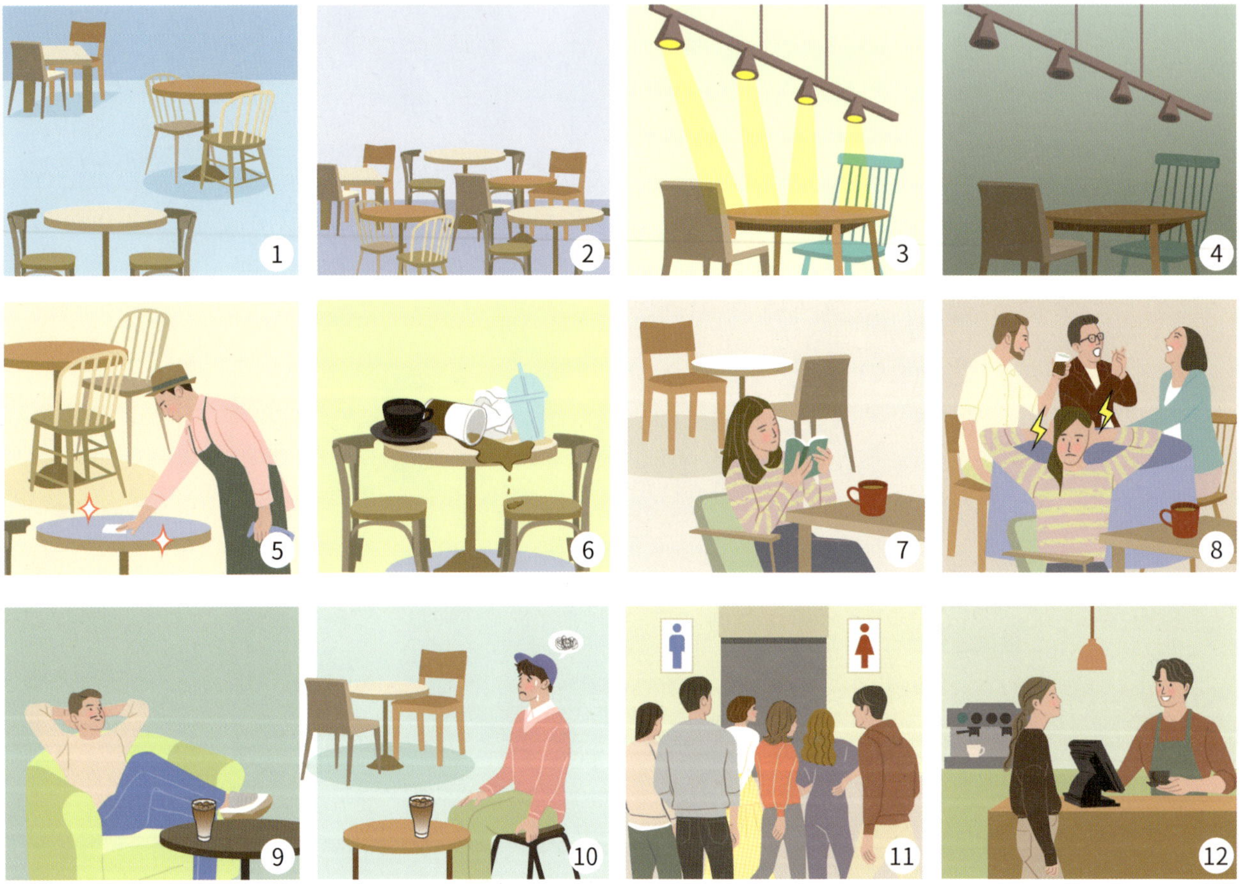

① 넓어요	② 좁아요	③ 밝아요	④ 어두워요
⑤ 깨끗해요	⑥ 더러워요	⑦ 조용해요	⑧ 시끄러워요
⑨ 의자가 편해요	⑩ 의자가 불편해요	⑪ 복잡해요	⑫ 점원이 친절해요

2 **위의 그림을 보면서 여기는 어떤지 친구와 묻고 대답해 보세요.**
Look at the pictures above. Ask and answer questions about what this place is like.

여기는 어때요?

복잡해요.

문법 Grammar

1 대화를 듣고 다음 질문에 알맞은 답을 골라 보세요.
Listen to the conversations. Then choose the correct answer to each question.

56

(1) 우리 점심에 뭘 먹어요?

① 

② 

(2) 우리 어디에서 공부해요?

① 

② 

V-을까요?/ㄹ까요?

A 우리 저녁에 뭘 먹을까요?
B 불고기 먹어요. 어제부터 먹고 싶었어요.

A 리카의 생일 케이크를 만들려고 해요.
B 그래요? 그럼 같이 만들까요?

A 내일 같이 영화를 볼까요?
B 그래요. 공포 영화 어때요?

A 레아 씨, 같이 좀 걸을까요?
B 좋아요. 같이 걸어요.

'-을까요?/ㄹ까요?'는 동사에 붙어 듣는 사람에게 앞으로 할 일을 제안하며 의견이나 생각을 물어볼 때 사용한다. 대답은 보통 '-아요/어요'를 사용하는데, 이는 청유의 의미를 갖는다.
-을까요?/ㄹ까요? is attached to a verb to make a suggestion or request the listener's opinion regarding a future action. The response is usually in the form of -아요/어요, indicating agreement or suggestions.

받침 ○ + 을까요?

받침 ×, ㄹ + ㄹ까요?

2 질문에 알맞은 대답을 찾아 써 보세요. 그리고 맞는지 들어 보세요.
Match the questions and answers. Then listen to check your answers.

57

(1) 언제 만날까요? ⓐ
(2) 우리 여기에 앉을까요? ______
(3) 이 노래를 같이 들을까요? ______
(4) 어디에서 사진을 찍을까요? ______
(5) 시간이 있어요? 같이 커피를 마실까요? ______

ⓐ 다음 주 화요일에 만나요.
ⓑ 네. 좋아요. 여기에 앉아요.
ⓒ 지금 회의가 있어요. 나중에 마셔요.
ⓓ 저기 나무 아래에서 찍으면 어때요?
ⓔ 저도 이 노래를 좋아해요. 같이 들어요.

3

학생 A와 학생 B가 되어 친구와 같이 하고 싶은 것을 제안하고 약속을 정해 보세요. 그리고 빈칸에 알맞게 써 보세요. Suggest activities to do with to the student B and make an appointment. Then Fill in the blanks.

학생 B p.145 >

학생 A

	일요일	월요일	화요일	수요일	목요일	금요일	토요일
이번 주			(1) 영화를 보다	(2) ______		(3) 쇼핑하러 가다	(4) ______
다음 주	(5) 도서관에 가다	(6) ______			(7) 저녁을 먹다		(8) ______

A 샤니 씨, 이번 주 화요일에 시간이 있으면 같이 영화를 볼까요?

B 좋아요. 같이 영화를 봐요.

4

같이 무엇을 하고 싶은지, 언제, 어디에서 만날지 친구들과 묻고 대답해 보세요. 그리고 친구들의 대답을 써 보세요. Ask classmates for their opinions on what they want to do together, when and where to meet. Then write their answers in the chart.

A 샤오동 씨, 오늘 뭐 할까요?
B 같이 운동해요.

A 언제 만날까요?
B 오후 1시 반에 만나요.

A 어디에서 만날까요?
B 운동장에서 만나요.

이름	오늘 뭐 할까요?	언제 만날까요?	어디에서 만날까요?
샤오동	같이 운동해요.	오후 1시 반에 만나요.	운동장에서 만나요.

듣고 말하기 Listening and speaking

1 **다음은 사람들이 많이 가는 장소예요. 여러분이 친구와 약속을 한다면 어디에 같이 가고 싶은지 말해 보세요.** Below are pictures of places where many people go. Talk about where you want to go with a friend.

2 **잘 듣고 물음에 답해 보세요.**
Listen carefully and answer the questions.

58

(1) 샤니와 제이슨의 대화예요. 모임을 할 식당에 대해 맞는 것을 골라 보세요. Listen to the conversation between Shani and Jason. Choose the true statement about the restaurant they are meeting.

① 식당이 넓어요. ② 친절하지 않아요. ③ 맛있지만 비싸요.

(2) 타나펀과 리카의 대화예요. 두 사람의 내일 약속으로 맞는 것을 골라 보세요.
Listen to the conversation between Thanaporn and Rika. Choose the answer that matches their appointment tomorrow.

① 공부 / 도서관 앞, 9시

② 산책 / 기숙사 앞, 9시

③ 운동 / 공원 앞, 12시

3 **제이슨과 브루나의 대화예요. 잘 듣고 물음에 답해 보세요.**
Listen to the conversation between Jason and Bruna and answer the questions.

59

(1) 두 사람의 약속에 대해 들은 내용과 같으면 ○, 다르면 ×로 표시해 보세요.
Mark ○ if it is true about their appointment, × if it is false.

① 같이 야구 경기를 볼 거예요. (　　　)
② 지하철역 3번 출구에서 만날 거예요. (　　　)
③ 일요일 오후 5시에 만날 거예요. (　　　)

(2) 두 사람은 왜 야구장 앞에서 안 만나요?
What is the reason for not meeting in front of the baseball stadium?

4 다음과 같이 약속 시간과 장소에 대해 대화해 보세요.

Practice this conversation about appointment time and place by using the words provided below.

레아 지유 씨, 일요일 저녁에 시간이 있어요?

지유 네. 별일 없어요. 왜요?

레아 그럼 우리 같이 치킨을 먹을까요?

지유 좋아요. 그럼 우리 냠냠치킨에 갈까요?

레아 거긴 음식이 맛있지만 식당이 너무 좁아요. 엄마손치킨에 가면 어때요?

지유 그래요. 그럼 엄마손치킨에서 7시에 봐요.

(1)	(2)	(3)	(4)
일요일 저녁	내일 오전	수업 후	
치킨을 먹다	쇼핑하다	공부하다	
냠냠치킨	시장	카페	
음식이 맛있다,	물건 값이 싸다,	편하다,	
식당이 너무 좁다	주차가 불편하다	조금 시끄럽다	
엄마손치킨	백화점	도서관	
7시	11시	2시	

발음 Pronunciation

1. 잘 듣고 맞는 것에 ✓표 해 보세요.

Listen carefully and check(✓) the box with the correct answer.

60

(1) 백화점 [□ 백화점, □ 배콰점]

(2) 예약해요 [□ 예약해요, □ 예야캐요]

(3) 따뜻하다 [□ 따뜨타다, □ 따뜻하다]

(4) 입학 [□ 이팍, □ 입학]

격음화 ② Aspiration ②

받침소리 [ㄱ, ㄷ, ㅂ] 뒤에 'ㅎ'이 오는 경우에는 'ㅎ'과 합쳐져서 [ㅋ, ㅌ, ㅍ]으로 발음한다.

When the final consonant sounds [ㄱ, ㄷ, ㅂ] are followed by ㅎ, they are pronounced [ㅋ, ㅌ, ㅍ].

산책할까요 [산채칼까요] 깨끗하다 [깨끄타다] 연습하세요 [연스파세요]

2. 잘 듣고 따라 해 보세요.

Listen carefully and repeat the following sentences.

61

(1) 한국에 도착했어요.

(2) 생일 축하해요.

(3) 저는 운동을 잘 못해요.

(4) 날씨가 따뜻합니다.

(5) 길이 너무 복잡해요.

(6) 비빔밥하고 불고기를 좋아해요.

2 친구가 와서 공항에 가야 돼요
I have to go to the airport because my friend has arrived

어휘와 표현 Vocabulary and expressions

1 **다음은 약속과 관련된 상황이에요. 그림에 맞는 표현을 소리 내서 읽어 보세요.**
The pictures illustrate various situations related to appointments. Match the expressions with the pictures. Then read them aloud.

① 약속이 있어요	② 약속이 없어요	③ 약속을 해요	④ 약속 시간을 정해요
⑤ 약속을 지켜요	⑥ 약속에 늦었어요	⑦ 약속을 잊어버렸어요	⑧ 약속을 바꿔요
⑨ 약속을 연기해요	⑩ 약속을 취소해요	⑪ 예약해요	⑫ 예매해요

2 **위의 그림을 보면서 약속에 대해 친구와 묻고 대답해 보세요.**
Look at the pictures above. Ask and answer questions about the appointment.

약속이 있어요?

네. 약속이 있어요.

문법 Grammar

1 다음을 듣고 대화를 읽어 보세요. 샤니는 왜 약속에 늦었어요?

Listen and read the conversation. Why was Shani late for the appointment?

62

A/V-아서/어서

A 다니엘 씨는 매일 운동해요?

B 아니요. 평일에는 시간이 없어서 운동 못 해요.

A 오늘은 약속이 없어요?

B 네. 머리가 아파서 약속을 취소했어요.

A 왜 한국어를 공부해요?

B 한국 노래를 좋아해서 한국어를 공부해요.

A 내일 퇴근 후에 같이 저녁 먹을까요?

B 미안해요. 내일부터 휴가여서 부산에 갈 거예요.

'-아서/어서'는 형용사, 동사, '이다'에 붙어 앞의 내용이 뒤의 내용의 이유나 원인이 됨을 나타낼 때 사용한다. 말할 때 '이다' 앞의 명사는 '-이어서/여서'보다 '-이라서/라서'와 결합하여 사용하는 경우가 많다.

-아서/어서 is attached to an adjective, a verb, or 이다 to indicate that the preceding content is the reason or cause for the following content. When speaking, the noun preceding 이다 is often combined with -이라서/라서 instead of -이어서/여서.

ㅏ, ㅗ + 아서　　ㅏ, ㅗ 외의 모음 + 어서　　하다 → 해서　　이다 → 이어서/이라서, 여서/라서

2 질문에 알맞은 대답을 찾아 써 보세요. 그리고 맞는지 들어 보세요.

Match the questions and answers. Then listen to check your answers.

63

(1) 왜 다리가 아파요? ___ⓒ___

(2) 주말에 뭐 했어요? ______

(3) 리카 씨, 아침 먹었어요? ______

(4) 은행은 오늘 문을 열어요? ______

(5) 오늘도 등산하러 갈 거예요? ______

ⓐ 숙제가 많아서 숙제했어요.

ⓑ 아니요. 토요일이라서 안 열어요.

ⓒ 어제 많이 걸어서 다리가 아파요.

ⓓ 아니요. 바빠서 아직 못 먹었어요.

ⓔ 아니요. 날씨가 더워서 등산 안 하고 집에서 쉴 거예요.

3 사람들이 다음 행동을 하는 이유에 대해 말해 보세요.

Ask and answer questions about the reasons for these actions.

(1) 선물을 샀어요

(2) 옷을 바꿨어요

(3) 영화를 또 봐요

(4) 어제 못 잤어요

(5) 김치를 못 먹어요

(6) 등산 약속을 취소했어요

A 왜 선물을 샀어요?

B 친구 생일이라서 샀어요.

4 어떤 행동을 하는 이유에 대해 친구와 묻고 대답해 보세요. 그리고 묻고 답한 내용을 써 보세요.

Ask your partner about his/her reasons for certain actions. Then write your questions and his/her answers in the chart.

A 다니엘 씨, 왜 한국어를 배워요?

B 한국 친구와 이야기하고 싶어서 배워요.

질문	대답
왜 한국어를 배워요?	한국 친구와 이야기하고 싶어서 배워요.
왜 약속에 늦었어요?	
왜 그 식당을 좋아해요?	

읽고 말하기 Reading and speaking

1 **다음 사진을 보세요. 약속이 몇 시인지 말해 보세요.**
Look at the picture. Talk about what time the appointment is.

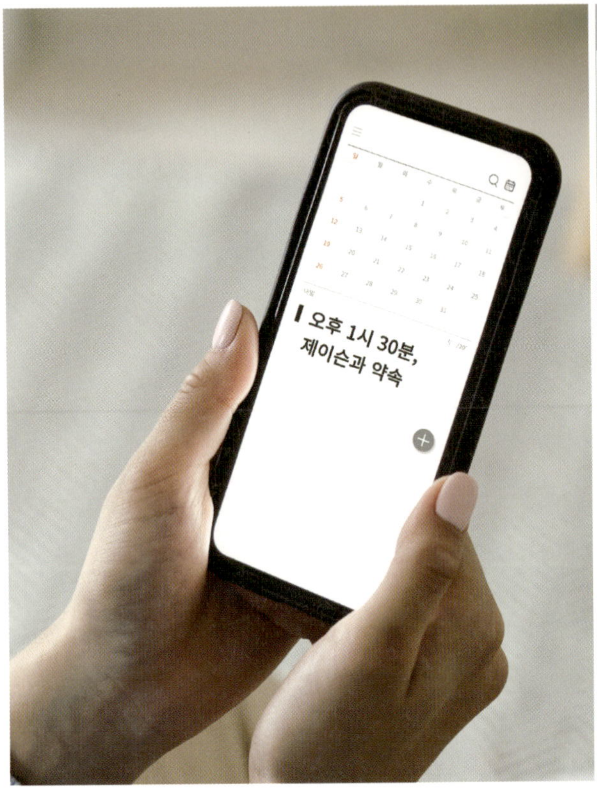

보낸 사람: "레아"<lea@ewha.edu>
받는 사람: "제이슨"<jason@ewha.edu>
제목: 내일 약속 시간!

제이슨 씨에게

안녕하세요? 레아예요. 제이슨 씨, 오늘 무슨 일이 있어요? 제이슨 씨가 오늘 학교에 안 와서 걱정했어요. 혹시 내일 약속 시간을 1시 30분에서 3시로 바꿀 수 있어요? 지금 제 휴대 전화가 고장이 나서 휴대 전화를 사용할 수 없어요. 그래서 제가 내일 1시에 수업이 끝나면 바로 휴대 전화를 고치러 가야 해요. 3시 괜찮아요? 괜찮으면 3시에 백화점 앞에서 만나요. 같이 소피아의 송별회 선물을 사요. 이메일을 보면 연락 주세요.

레아 드림

2 **위의 글은 약속 변경에 대한 이메일이에요. 읽고 답해 보세요.**
The email above is about the change of an appointment. Read and answer the questions.

(1) 다음은 제이슨의 답장이에요. 답장의 내용으로 맞지 않는 것을 골라 보세요.
The following is Jason's reply. Choose the false statement.

레아 씨에게

레아 씨, ① 제가 오늘 아파서 학교에 못 갔어요. ② 저는 내일 3시에 시간이 있어요. ③ 같이 휴대 전화를 사러 가요. ④ 그럼 3시에 백화점 앞에서 만나요!

제이슨 드림

(2) 다음 질문에 알맞은 대답을 써 보세요. Write the answer to each question.

① 레아는 왜 휴대 전화를 사용할 수 없어요? ______________________

② 레아는 내일 제이슨과 같이 무엇을 하려고 해요? ______________________

3 역할극을 해 보세요. Do a roleplay.

(1) 타나펀과 리카가 약속 변경에 대해 이야기하고 있어요. 여러분이 타나펀과 리카가 되어 대화해 보세요.
Thanaporn and Rika are talking about a change of appointments. Roleplay as Thanaporn and Rika.

타나펀

리카에게 약속 시간을 바꿀 수 있는지 묻고 가능한 시간을 말해 보세요.

Ask Rika if the appointment time can be changed and tell her the possible time.

리카

타나펀에게 약속 시간을 바꾸고 싶은 이유를 묻고 시간을 다시 정해 보세요.

Ask Thanaporn why she wants to change the appointment time and try to reschedule a new time.

약속을 바꿀 수 있을까요? → 무슨 일이 있어요? → 다음 주 토요일은 어때요?

기능 표현 약속 변경 제안하고 답하기 Suggesting and answering about changes in an appointment

A 약속을 좀 연기하고 싶어요. / 약속 장소를 학교 근처로 바꾸고 싶어요. / 미안하지만 약속을 다음 주로 바꿀 수 있을까요?

B 네. 좋아요.

타나펀	리카 씨, 미안하지만 이번 주 토요일 약속을 다음 주로 바꿀 수 있을까요?
리카	왜요? 무슨 일이 있어요?
타나펀	이번 주 토요일에 고향 친구가 한국에 와서 공항에 가야 돼요. 정말 미안해요.
리카	아니에요. 괜찮아요. 그럼 다음 주 토요일은 어때요?
타나펀	다음 주 토요일은 괜찮아요.
리카	그럼 그날 만나요.

(2) 여러분에게 급한 일이 생겨서 약속을 바꾸고 싶어요. 약속 변경에 대해 대화해 보세요.
Suppose you have to change an appointment due to an urgent matter. Have a conversation about changing appointments.

3 저녁을 먹고 노래방에 가요
Let's go to the singing room after dinner

문법 Grammar

1 다음을 읽어 보세요. 두 사람은 쇼핑을 먼저 해요? 저녁을 먼저 먹어요?
Read the following. Are the two people going shopping first or eating dinner first?

저는 다음 주 토요일에 타나편하고 약속이 있습니다. 먼저 쇼핑을 하고 맛집에서 저녁 식사를 할 겁니다. 그리고 근처 카페에서 커피도 마실 겁니다.

V-고(순서)

A 머리가 너무 아파요.
B 이 약을 먹고 좀 쉬세요.

A 어제 퇴근하고 뭐 했어요?
B 피곤해서 샤워하고 바로 잤어요.

A 잘 듣고 쓰세요.
B 네. 알겠습니다.

A 회사를 그만둘 거예요?
B 네. 그만두고 사업을 시작할 거예요.

'-고'는 동사에 붙어 앞의 내용과 뒤의 내용이 시간 순서대로 일어난 것임을 나타낸다. 시간적으로 먼저 하는 행동과 나중에 하는 행동을 이어 말할 때 사용한다.
-고 is attached to a verb to indicate the chronological order between preceding and following contents, connecting actions done first and actions done later.

2 질문에 알맞은 대답을 찾아 써 보세요. 그리고 맞는지 들어 보세요. 64
Match the questions and answers. Then listen to check your answers.

(1) 어제 집에 있었어요? ⓔ
(2) 샤니 씨는 어디 갔어요? ______
(3) 졸업 후에 뭐 하고 싶어요? ______
(4) 수업이 끝나고 보통 뭐 해요? ______
(5) 세수를 먼저 해요? 이를 먼저 닦아요? ______

ⓐ 세수를 하고 이를 닦아요.
ⓑ 네. 전화를 받고 바로 나갔어요.
ⓒ 학교 근처에서 밥을 먹고 집에 가요.
ⓓ 저는 졸업하고 은행에 취직하고 싶어요.
ⓔ 네. 비가 와서 약속을 취소하고 집에 있었어요.

3 다음을 보고 '-고'를 사용해서 빈칸에 써 보세요.

Look at the following picture and write in the blanks using -고.

우리 서울에서 뭐 할까요?

(1) 이화여대에서 커피를 마시고 캠퍼스를 구경해요.

(2) 인사동에서 ______________________.

(3) 경복궁에서 ______________________.

(4) ______________________.

(5) ______________________.

(6) ______________________.

4 무슨 행동을 먼저 하고 무슨 행동을 다음에 하는지 친구와 묻고 대답해 보세요. 그리고 묻고 답한 내용을 써 보세요.

Ask your partner about the order of things. Then write your questions and his/her answers in the chart.

청소를 먼저 해요? 빨래를 먼저 해요?

저는 빨래를 하고 청소를 해요.

질문	대답
청소를 먼저 해요? 빨래를 먼저 해요?	저는 빨래를 하고 청소를 해요.
밥을 먼저 먹어요? 물을 먼저 마셔요?	
바지를 먼저 입어요? 티셔츠를 먼저 입어요?	
왼쪽 신발을 먼저 신어요? 오른쪽 신발을 먼저 신어요?	

듣고 말하기 Listening and speaking

1 **다음은 환영회 초대장이에요. 누구의 환영회인지, 언제, 어디에서 하는지 말해 보세요.**
Below is an invitation letter to a welcoming party. Talk about whose party it is, its place, and the time of it.

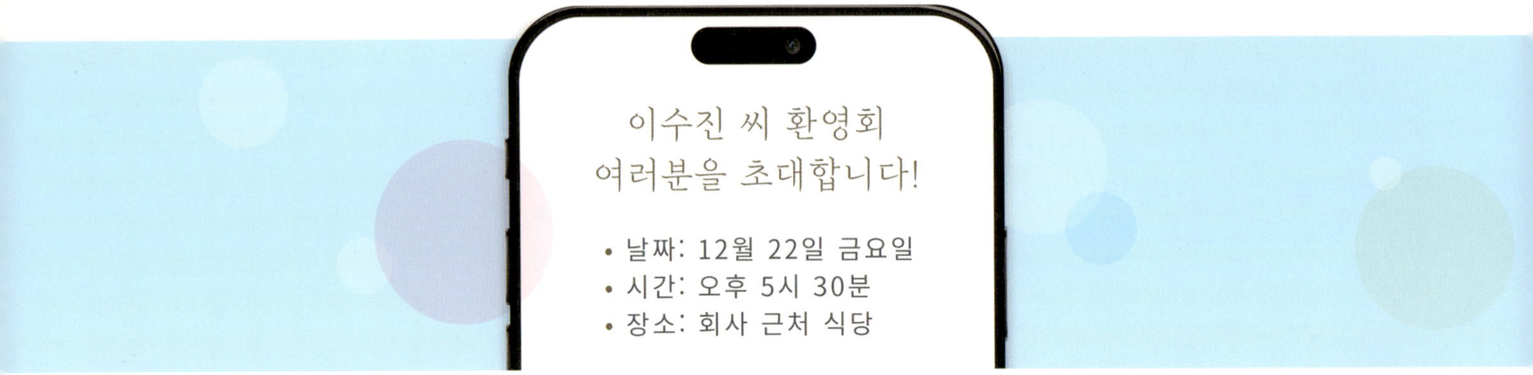

2 **진우와 다니엘의 대화예요. 잘 듣고 물음에 답해 보세요.** 65
Listen to the conversation between Jinwoo and Daniel and answer the questions.

(1) 누구의 환영회에 대해 이야기하는지 골라 보세요.
Choose whose welcoming party they are talking about.

① 회사 동료　　② 학교 선생님　　③ 동아리 친구

(2) 환영회에 대해 맞지 않는 것을 골라 보세요.
Choose the false statement about the welcoming party.

①

②

③

3 **지유와 타나펀의 대화예요. 잘 듣고 물음에 답해 보세요.** 66
Listen to the conversation between Jiyu and Thanaporn and answer the questions.

(1) 송별회에 대해 들은 내용과 같으면 ○, 다르면 ×로 표시해 보세요.
Mark ○ if it is true about the farewell party, × if it is false.

① 타나펀의 교실에서 송별회를 할 거예요. (　　　)

② 타나펀은 태국 음식을 주문할 거예요. (　　　)

③ 저녁을 먹고 노래방에 갈 거예요. (　　　)

(2) 왜 소피아의 송별회를 해요? Why are they organizing a farewell party for Sophia?

4 송별회 계획에 대해 이야기해 보세요.

Talk about plans for a farewell party.

(1) 이번 학기가 끝나고 무슨 계획이 있는지 친구들에게 물어보세요. 그리고 고향에 돌아갈 사람과 계속 한국에 있을 사람의 이름을 써 보세요.

Ask your classmates about their plans after the end of this semester. Then write the names of classmates who will return to their hometowns and those that will stay in Korea.

고향에 돌아갈 거예요?	계속 한국에 있을 거예요?
소피아	샤오동

A 소피아 씨, 이번 학기가 끝나고 고향에 돌아갈 거예요? 계속 한국에 있을 거예요?

B 저는 이번 학기가 끝나고 고향에 돌아갈 거예요. 러시아에서 대학교를 다니고 내년에 졸업할 거예요. 샤오동 씨는요?

A 저는 방학이 시작하면 바로 고향에 갈 거예요. 일주일 후에 다시 한국에 올 거예요. 그리고 다음 학기에 계속 한국어를 배울 거예요.

(2) 3~4명씩 모이세요. 송별회 대상과 시간, 장소 등을 이야기하고 송별회 계획을 써 보세요.

In groups of three to four, talk about the participants, time, and place of a farewell party and write down the farewell party plan.

누구의 송별회를 할까요?

언제 할까요?

어디에서 할까요?

무슨 선물을 준비할까요?

송별회에서 같이 뭘 할까요?

________의 송별회

- 시간:
- 장소:
- 선물:
- 같이 할 일:

(3) 팀에서 송별회 계획을 정해서 발표해 보세요.

Present the farewell party plan of your group.

이번 학기가 끝나고 소피아가 고향으로 돌아갈 겁니다. 그래서 소피아의 송별회를 할 겁니다. 소피아의 송별회는 11월 15일, 금요일 오후 2시에 할 겁니다. …… 여러분도 소피아의 송별회에 오세요.

읽고 쓰기 Reading and writing

1 **다음 사진을 보세요. 브루나는 자신과 무슨 약속을 했는지 말해 보세요.**
Look at the picture. Talk about what Bruna promised herself.

나와의 약속

저는 가끔 제 자신과 약속을 합니다. 한 달 전에 저는 저와 두 가지 약속을 했습니다. 첫 번째는 운동하기입니다. (Ⓐ) 고향에서 운동을 많이 했지만 한국에서 운동을 못 했습니다. 운동을 못 해서 몸이 안 좋았습니다. 그래서 저는 다시 운동을 시작했습니다. 요즘도 열심히 운동하고 있습니다. 매일은 못 하지만 일주일에 두 번은 하려고 합니다.

두 번째는 한국어로 일기 쓰기입니다. 한국어로 일기를 쓰면 쓰기 연습을 할 수 있어서 좋습니다. (Ⓑ) 그래서 요즘 매일 한국어로 일기를 쓰고 있습니다. 가끔 피곤해서 일기를 안 쓰고 자고 싶지만 저와의 약속을 지키고 싶어서 일기를 꼭 쓰고 잡니다. 지금까지 저와의 약속을 잘 지키고 있습니다. (Ⓒ)

2 **위의 글은 브루나가 자신과 한 약속에 대한 내용이에요. 읽고 답해 보세요.**
The passage above is about Bruna's promise to herself. Read and answer the questions.

(1) 브루나가 자신과 한 약속을 써 보세요. Write about the promises Bruna made to herself.

① ______________________

② ______________________

(2) 브루나에 대해 읽은 내용과 같으면 ○, 다르면 ×로 표시해 보세요.
Mark ○ if it is true about Bruna, × if it is false.

① 고향에서 운동을 안 해서 몸이 안 좋았습니다. ( )
② 일주일에 두 번 일기를 씁니다. ( )
③ 한국어 쓰기 연습을 하고 싶어서 일기를 씁니다. ( )

> **+ 더 알아보기**
>
> **V-기**
>
> 동사에 붙어 그 말이 명사로 기능함을 나타낸다.
> -기 is attached to a verb to make that verb function as a noun.
>
> 예) 혼자 밥 먹기가 싫어요.
> 제 취미는 요리하기예요.

(3) 다음 문장이 들어갈 알맞은 곳을 골라 보세요. Choose the appropriate place for the following sentence.

앞으로도 이 약속들을 잘 지키고 싶습니다.

① Ⓐ ② Ⓑ ③ Ⓒ

3 여러분 자신과의 약속에 대한 글을 써 보세요.
Write about a promise that you made to yourself.

(1) 다음 질문을 보고 메모해 보세요.
Write a note about the following questions.

자신과 무슨 약속을 했습니까?	
왜 그 약속을 했습니까?	
지금까지 어떻게 하고 있습니까?	
앞으로 어떻게 할 겁니까?	

(2) 위의 메모를 바탕으로 자신과의 약속에 대한 글을 써 보세요.
Based on the notes above, write about a promise to yourself.

문화 Culture | 모임 Gathering

준비하기

- 다음은 모임 사진이에요. 이 모임은 어떤 모임일까요?
  The following is a picture of a gathering. What kind of gathering is this?

알아보기

- 한국에는 '동창회, 개강 모임, 송년회' 등 다양한 모임이 있어요. 동창회는 같은 학교를 졸업한 사람들의 모임이고 개강 모임은 수업을 처음 시작할 때 하는 모임이에요. 송년회는 연말에 한 해를 보내며 갖는 모임이에요.
  In Korea, there are various gatherings such as 동창회, 개강 모임, 송년회. 동창회(alumni reunion) is for people who graduated from the same school, 개강 모임(opening party) is for gathering at the start of the school year. 송년회(year-end party) is held at the end of the year to say goodbye to the year.

생각해 보기

- 여러분은 어떤 모임을 만들어 보고 싶은지 이야기해 보세요.
  Talk about what kind of gathering you would like to organize.
- 한국에서 모임에 갔던 경험에 대해 이야기해 보세요.
  Talk about any experience participating in gatherings in Korea.

어휘와 표현 확인
Vocabulary and expressions check

의미를 아는 어휘나 표현에 ✓표 해 보세요.
Check(✓) the vocabulary or expressions that you know.

1 같이 점심을 먹을까요?

- □ 넓다 to be wide
- □ 좁다 to be narrow
- □ 밝다 to be bright
- □ 어둡다 to be dark
- □ 깨끗하다 to be clean
- □ 더럽다 to be dirty
- □ 조용하다 to be quiet
- □ 시끄럽다 to be noisy
- □ 의자가 편하다 The chair is comfortable.
- □ 의자가 불편하다 The chair is uncomfortable.
- □ 복잡하다 to be crowded
- □ 점원이 친절하다 The clerk is kind.
- □ 공포 영화 horror movie
- □ 나중에 later
- □ 운동장 playground
- □ 피자집 pizzeria
- □ 햇빛 sunlight
- □ 별일 없다 nothing special
- □ 야구장 baseball stadium
- □ 주차 parking

2 친구가 와서 공항에 가야 돼요

- □ 약속이 있다 to have an appointment
- □ 약속이 없다 to have no appointment
- □ 약속을 하다 to make an appointment
- □ 약속 시간을 정하다 to fix an appointment
- □ 약속을 지키다 to keep a promise
- □ 약속에 늦다 to be late for an appointment
- □ 약속을 잊어버리다 to forget an appointment
- □ 약속을 바꾸다 to change an appointment
- □ 약속을 연기하다 to postpone an appointment
- □ 약속을 취소하다 to cancel an appointment
- □ 예약하다 to make a reservation
- □ 예매하다 to book a ticket
- □ 길이 막히다 There is a traffic jam on the road.
- □ 다리 leg
- □ 걱정하다 to be worried
- □ 고장이 나다 to break down
- □ 사용하다 to use
- □ 고치다 to repair
- □ 송별회 farewell party

3 저녁을 먹고 노래방에 가요

- □ 좀 a little bit
- □ 이를 닦다 to brush one's teeth
- □ 캠퍼스 campus
- □ 인사동 Insadong
- □ 경복궁 Gyeongbokgung
- □ 남대문 Namdaemun
- □ 신발 shoes
- □ 신다 to put on
- □ 환영회 welcoming party
- □ 동료 colleague
- □ 고깃집 BBQ restaurant
- □ 이미 already
- □ 준비하다 to prepare
- □ 계속 continuously
- □ 다시 again
- □ 자신 self
- □ 가지 kind
- □ 몸이 안 좋다 to not feel well
- □ 열심히 hard
- □ 일기 diary

Appendix
부록

활동지
Activity sheets

문화 해설
Cultural notes

듣기 지문 및 정답
Listening script and answers

활동지
Activity sheets

7단원 | 주말 Weekends

3 **학생 A와 학생 B가 되어 그림에서 사람들이 무엇을 하는지 말해 보세요. 그리고 서로 다른 그림에 ✓표 해 보세요.** With student A, ask and answer questions about what people are doing. Then mark the differences with a check(✓).

학생 A p.24 >

학생 B (2) 레아 (4) 리카 (6) 브루나 (8) 샤니

A 제이슨 씨는 자전거를 타요?
B 아니요. 자전거를 안 타요. 산책해요.

10단원 | 날씨와 계절 The weather and the seasons

3 학생 A와 학생 B가 되어 다음 도시의 날씨를 묻고 대답해 보세요. 그리고 빈칸에 알맞게 써 보세요.
With student A, ask and answer questions about the weather in the following cities. Then fill in the blanks.

학생 A p.84 >

학생 B

기간	날씨
1-3월	(1) 춥다 / 비가 오다
3-6월	(2) ________
6-9월	(3) 덥다 / 비가 오지 않다
9-12월	(4) ________

기간	날씨
1-3월	(5) ________
3-6월	(6) 따뜻하다 / 맑다
6-9월	(7) ________
9-12월	(8) 흐리다 / 가끔 비가 오다

A 포르투갈 리스본의 1월부터 3월까지 날씨는 어때요?

B 춥고 비가 와요.

3 그림을 보면서 학생 A와 학생 B가 되어 다음 장소에 어떻게 가는지 묻고 대답해 보세요. 그리고 빈칸에 장소의 번호와 이름을 알맞게 써 보세요. With student A, ask and answer questions about how to get to the following places. Then fill in the blanks.

학생 A p.109 >

학생 B (2) 마트 (4) 미용실 (6) 카페

A 실례합니다. 약국이 어디에 있어요?

B 4층으로 올라가세요. 병원 바로 옆에 있어요.

12단원 | 약속 Appointments

3 학생 A와 학생 B가 되어 친구와 같이 하고 싶은 것을 제안하고 약속을 정해 보세요. 그리고 빈칸에 알맞게 써 보세요. Suggest activities to do with to the student A and make an appointment. Then Fill in the blanks.

학생 A p.124 >

학생 B

	일요일	월요일	화요일	수요일	목요일	금요일	토요일
이번 주			(1) 영화를 봐요	(2) 자전거를 타다		(3) ________	(4) 빵을 만들다
다음 주	(5) ________	(6) 사진을 찍다			(7) ________		(8) 등산하다

A 샤니 씨, 이번 주 화요일에 시간이 있으면 같이 영화를 볼까요?

B 좋아요. 같이 영화를 봐요.

문화 해설
Cultural notes

7단원 | 제주도 Jeju Island

p.38 >

Q **제주도는 어떤 섬이에요?**
What kind of island is Jeju Island?

A 제주도는 한국 남해에 위치한 한국에서 가장 큰 섬이에요. 섬 중앙에 한라산이 있는데 높이가 1,950m로, 한국에서 제일 높은 산이에요. 제주도를 대표하는 과일에는 귤, 한라봉 등이 있는데 '한라봉'의 이름도 한라산에서 왔어요. 꼭지의 튀어나온 부분이 마치 한라산의 봉우리 모양과 비슷하다고 해서 붙여진 이름이에요. 또한 제주도는 '삼다도'로도 불리는데 '삼다도'는 세 가지가 많은 섬이라는 의미예요. 제주도는 바다 한가운데 있는 섬이라 바람이 많이 불고, 화산섬이라서 돌이 많아요. 그리고 태풍과 같은 기상 악화로, 과거에는 바다로 나간 남자들이 돌아오지 못한 경우가 많아서 여자가 많았다고 해요. 이렇게 바람, 돌, 여자가 많아서 제주도를 '삼다도'라고도 했어요. 제주도는 뛰어난 자연미를 보여 주며, 독특한 화산 지형과 생태계를 갖고 있어 2007년 유네스코 세계유산으로 등재되었어요.

Jeju Island is the largest island in Korea, located in the Southern Sea. Mt. Halla is at the center of Jeju island, and with its height being 1,950m, it is the highest mountain in Korea. The fruits that represent Jeju Island include tangerines and Hallabong, and the name of Hallabong is also from Mt. Halla. The name Hallabong comes from its shape that is similar to the peak of Mt. Halla. Jeju Island is also called Samdado, which means there are three prevalent things on the island. The weather on Jeju Island is usually windy because it is an island in the middle of the sea, and there are many rocks because it is a volcanic island. In addition, due to storms like a typhoons, men who went out to the sea could not return, resulting in many women on the island. This is how wind, rocks, and women became prevalent, and hence, the reason why Jeju Island was named Samdado. Jeju Island was designated as a UNESCO World Natural Heritage site in 2007 for its outstanding natural beauty, unique volcanic topography, and ecosystem.

8단원 | 서울의 산 Mountains in Seoul

p.58 >

Q **서울에는 왜 이렇게 산이 많을까요?**
Why are there so many mountains in Seoul?

A 한국 사람들은 예전에 강이 있고 산으로 둘러싸인 곳을 살기 좋은 곳이라고 생각했어요. 집을 지을 때나 살 지역을 정할 때 이러한 지리적 환경을 고려했어요. 14세기 말에 조선을 세우면서 수도를 새로 정할 때도 강이 있고 산으로 둘러싸인 곳을 수도로 정했어요. 그리고 서울은 지금까지 600년 동안 수도로 이어져 오고 있지요. 서울은 한강이 흐르고 산으로 둘러싸여 있는 도시예요. 서울 도심에서 20분만 가면 산에 갈 수 있고 서울에서 어디를 둘러봐도 산이 보여요. 서울에는 가장 높은 봉우리가 300m 이상인 산만 해도 14개가 넘게 있어요. 이렇게 서울은 높은 빌딩을 볼 수 있는 번화한 도시이면서 산이 어우러져 자연을 느낄 수 있는 특별한 도시예요. 그리고 사람들은 서울에 있는 산을 즐겨 찾아요.

The Koreans traditionally believed that a location with a river surrounded by mountains was ideal for habitation, and this influenced their choice of dwelling and place of residence. This geographic preference was also reflected in the establishment of the capital of Joseon in the late 14th century, which was situated in a picturesque setting of rivers and mountains. Seoul has been the nation's capital for over 600 years, with the Han River running through the city and mountains providing a stunning backdrop. Within a short 20-minute drive from downtown, one can reach more than 14 mountains with their peaks towering over 300 meters. The city is a perfect blend of urban sophistication and natural beauty, with tall skyscrapers coexisting in harmony with the surrounding mountains. Visitors can relish in the pleasure of hiking and exploring the picturesque mountainscape, making it a popular attraction in Seoul.

9단원 | 해맞이 First sunrise in the new year

p.78 >

Q **해맞이가 뭐예요?**
What's 해맞이(celebrating the first sunrise of the year)?

A 해맞이는 해가 뜨는 것을 구경하거나 맞이하는 거예요. 보통 한국 사람들은 해맞이를 새해 첫날에 하러 가요. 해맞이는 보통 산 정상에 올라가서 하거나 해가 뜨는 동해안 바닷가로 가요. 한국에서 해맞이로 가장 유명한 장소인 정동진은 왕이 살던 경복궁에서 정확하게 동쪽에 있다고 해서 '정동진(正東津)'이라는 이름을 갖게 됐어요. 매년 새해 첫날이 되면 정동진에서 새해 기원과 새 출발을 다짐하는 행사 <정동진 해맞이 축제>가 진행돼요. 정동진 해맞이 축제에 가면 불꽃놀이로 희망의 새해를 열어 더욱 이색적인 체험을 할 수 있어요.

해맞이 is to watch or greet the first sunrise of the year. Koreans go to see it on New Year's Day. People watch the sunrise at the top of mountains or by going near the East Sea where the sun rises. Jeongdongjin, the most famous place for sunrise in Korea, was named "Jeongdongjin" because it is located at the very east of Gyeongbokgung, where the kings used to live. Every year on New Year's Day, the Jeongdongjin Sunrise Festival is held to wish a good start for the new year. If you go to Jeongdongjin Sunrise Festival, you can have a unique experience of opening a hopeful new year with fireworks.

10단원 | 재미있는 날씨 표현 Interesting weather expressions

p.98 >

Q **계절이나 날씨와 관련된 표현에는 뭐가 있을까요?**
What are some expressions related with seasons or weather?

A 보통 3월에 꽃샘추위가 있어요. 3월이 되면 봄이라서 날씨도 따뜻해지고 꽃도 피기 시작해요. 하지만 3월에 갑자기 날씨가 추워지고 기온이 떨어져 추워지는 추위를 꽃샘추위라고 해요. 꽃이 피는 것을 시샘한다고 해서 붙은 이름이에요. 그리고 여름에는 날씨가 매우 더운데 특히 8월이 되면 찜통에 들어 있는 것같이 습하고 무더워요. 이 더위를 찜통더위라고 해요. 11월이 되면 대학교 입학시험인 대학수학능력시험이 있어요. 이날 즈음해서 갑자기 기온이 낮아질 때를 입시 한파라고 말해요. 겨울에는 날씨가 매우 춥고 바람이 불 때가 있지요? 이렇게 춥고 매서운 날씨를 비유적으로 동장군이라고 합니다. 이외에 장대처럼 세차게 내리는 비를 장대비, 날씨가 맑은데 잠깐 내리다가 그친 비를 여우비, 마치 칼처럼 매우 세찬 바람을 칼바람 등으로 부르기도 해요.

When March comes, it is spring, so the weather becomes warmer, and flowers bloom. However, sometimes the weather suddenly becomes cold in March and the temperature drops, causing a cold snap. This is called 꽃샘추

위(flower-scented cold snap) because it occurs when flowers start to bloom. The name comes from the practice of watching the blooming of flowers. In the summer, the weather is very hot, especially in August when it feels like being in a steamer with high humidity. This heat is called 찜통더위(steaming heat). In November, there is a university entrance exam called the College Scholastic Ability Test (CSAT), and when the temperature suddenly drops around this time, it is called the 입시 한파(the cold wave of the entrance exam), meaning a cold snap for the exam season. In the winter, the weather is extremely cold and sometimes there is strong wind. This bitterly cold and harsh weather is called metaphorically 동장군(Jack Frost). Additionally, heavy rain pouring down like a long stick is called 장대비(heavy rain) and light rain that falls briefly when the weather is clear is called 여우비(sun shower). A very strong wind that blows like a knife is also called 칼바람(harsh wind).

11단원 | 지하철역 이름의 유래 The origin of the names of the subway stations

p.118 >

Q 종로3가역과 충무로역 이름에 어떤 유래가 있어요?
What is the origin of the names of Jongno 3-ga station and Chungmuro station?

A 종로3가역은 '종이 있는 길'이라는 의미를 지닌 '종로'의 이름을 따서 만들어졌어요. 종로에 있는 종을 '보신각'이라고 부르는데요. 이 종은 옛날에 시간을 알려 주는 중요한 역할을 했어요. 지금은 새해가 시작될 때 이 종을 치면서 새로운 한 해를 맞이하기도 해요. 충무로역의 '충무로'도 길 이름이에요. '이순신'은 조선 시대에 나라를 지킨 장군이에요. 충무로가 '이순신'이 태어난 곳 근처이기 때문에 '이순신'의 호인 '충무공'을 따서 길 이름을 지었어요.

Jongno 3-ga station was named after Jongno, which means 'the road with bells.' The bell in Jongno is called 'Boshingak.' This bell played an important role in the past as it told the time. Now, people ring the bell at the beginning of the new year to welcome the new year. 'Chungmuro' in Chungmuro station is also a name of a road. Lee Soon Shin is a general who protected the country during the Joseon Dynasty. Chungmuro is near Lee Soon Shin's birthplace, so his nickname 'Chungmugong' was used in honor of him.

12단원 | 모임 Gathering

p.138 >

Q 한국에 어떤 모임이 있어요?
What kind of gatherings are there in Korea?

A 동창회와 동문회, 개강 모임과 종강 모임, 송년회와 신년회 등 다양한 모임이 있어요. 동창회와 동문회는 같은 학교를 졸업한 사람들의 모임이에요. 개강 모임은 수업을 처음 시작할 때 하는 모임이고 종강 모임은 수업이 끝날 때 하는 모임이에요. 송년회는 연말에 한 해를 보내며 갖는 모임이고 신년회는 새해를 맞이하며 갖는 모임이에요. 한국에 다양한 모임이 있는 이유는 한국 사람들은 공동체 의식이 강하고 모이는 것을 중요하게 여기기 때문이에요.

There are several types of gatherings, including alumni reunions, opening and closing parties, year-end parties, and New Year's parties. Alumni reunions bring together individuals who graduated from the same school or class. Opening parties take place at the start of the semester, while closing parties mark its end. The year-end party is a time to reflect on the past year and the New Year's party celebrates the arrival of the new year. These gatherings are prevalent in Korea because Koreans have a strong sense of community and consider gathering important.

듣기 지문 및 정답
Listening script and answers

7단원 | 주말 Weekends

1 토요일에 회사에 안 가요 I don't go to work on Saturdays

문법 *pp.23~24*

1. (1) A 지금 영화를 봐요?
B 아니요. 안 봐요. 인터넷을 해요.

(2) A 커피를 좋아해요?
B 아니요. 안 좋아해요. 주스를 좋아해요.

(1) ② (2) ②

2. (1) ⓔ (2) ⓒ (3) ⓐ (4) ⓑ (5) ⓓ

3. (1) A 제이슨 씨는 자전거를 타요?
B 아니요. 자전거를 안 타요. 산책해요.

(2) B 레아는 책을 읽어요?
A 아니요. 책을 안 읽어요. 친구를 만나요.

(3) A 샤오동 씨는 한국어를 배워요?
B 네. 한국어를 배워요.

(4) B 리카는 옷을 사요?
A 네. 옷을 사요.

(5) A 다니엘은 전화해요?
B 아니요. 전화 안 해요. 커피를 마셔요.

(6) B 브루나는 점심을 먹어요?
A 네. 점심을 먹어요.

(7) A 타나펀은 공부해요?
B 아니요. 공부 안 해요. 자요.

(8) B 샤니는 빨래해요?
A 아니요. 빨래 안 해요. 청소해요.

듣고 말하기 *pp.25~26*

2. (1) 제이슨 샤오동 씨, 오늘 뭐 해요? 여자 친구를 만나요?
샤오동 아니요. 오늘 안 만나요. 보통 주말에 여자 친구를 만나요.
제이슨 그래요? 그럼 오늘 같이 저녁 먹어요.
샤오동 미안해요. 오늘 6시부터 중국어를 가르쳐요. 월요일하고 수요일에 아르바이트가 있어요.

(2) 리카 여보세요. 브루나 씨, 혹시 이번 주 토요일에 시간이 있어요?
브루나 미안해요. 다음 주에 시험이 있어요. 그래서 시간이 없어요. 이번 주 토요일에 도서관에 가요.
리카 브루나 씨, 그럼 다음 주 토요일은 어때요?
브루나 좋아요. 시험이 다음 주 목요일에 끝나요. 그래서 주말에 시간이 있어요.

(1) ③ (2) ①

3. 제이슨 지유 씨는 주말에 보통 뭐 해요?
지유 근처에 한강 공원이 있어요. 그래서 보통 한강 공원에 가요.
제이슨 한강 공원에요?
지유 네. 거기에서 아침에 산책해요. 그리고 자전거를 타요. 제이슨 씨는 주말에 뭐 해요?
제이슨 저는 토요일에 쉬고 싶어요. 그래서 보통 외출 안 해요. 일요일에 친구를 만나요.

(1) ①, ② (2) 쉬고 싶어요

발음

(1) 바닷가 [☐ 바닫가, ☑ 바닫까]
(2) 꽃다발 [☐ 꼳다발, ☑ 꼳따발]
(3) 갔습니다 [☑ 갇씁니다, ☐ 갇습니다]
(4) 입습니다 [☐ 입습니다, ☑ 입씁니다]

2 주말에 뭐 했어요? What did you do over the weekend?

문법 *pp.28~29*

2. (1) ⓐ (2) ⓒ (3) ⓓ (4) ⓑ (5) ⓔ

3. (1) A 타나펀은 어제 뭐 했어요?
   B 친구 집에 갔어요. 그리고 고향 음식을 만들었어요.
   (2) A 레아는 어제 뭐 했어요?
   B 카페에 갔어요. 그리고 친구를 만났어요.
   (3) A 샤오동은 어제 뭐 했어요?
   B 공원에 갔어요. 그리고 산책했어요.
   (4) A 리카는 어제 뭐 했어요?
   B 영화관에 갔어요. 그리고 영화를 봤어요.
   (5) A 다니엘은 어제 뭐 했어요?
   B 편의점에 갔어요. 그리고 빵과 우유를 샀어요.
   (6) A 브루나는 어제 뭐 했어요?
   B 피시방에 갔어요. 그리고 인터넷을 했어요.

읽고 말하기 *p.30*

2. (1) ① 타나펀을 만났습니다. ② 콘서트장에 갔습니다.
   ③ 타나펀과 같이 저녁을 먹었습니다.
   (2) ① × ② × ③ ○

3 제주도에서 수영을 했어요
I went swimming in Jeju Island

문법 *pp.32~33*

2. (1) ⓑ (2) ⓒ (3) ⓐ (4) ⓔ (5) ⓓ

3. (1) 편의점에서 (2) 서점에서 (3) 학교 앞에서
   (4) 대사관에서 (5) 카페에서

듣고 말하기 *p.34*

2.
다니엘 브루나 씨, 지난 주말에 뭐 했어요?
브루나 친구하고 같이 놀이공원에 갔어요.
다니엘 정말요? 거기에서 뭐 했어요?
브루나 놀이 기구를 탔어요. 그리고 사진을 많이 찍었어요. 다니엘 씨는 주말을 어떻게 보냈어요?
다니엘 토요일에 혼자 캠핑했어요.
브루나 혼자 갔어요? 캠핑이 어땠어요?
다니엘 조금 힘들었어요. 그렇지만 재미있었어요.

(1) ③ (2) ②

3.
지유 레아 씨, 부산 여행은 좋았어요?
레아 네. 좋았어요. 바다가 정말 아름다웠어요.
지유 부산에서 수영을 했어요?
레아 아니요. 안 했어요. 시간이 없었어요.
지유 음식은 어땠어요?
레아 해산물을 많이 먹었어요. 맛있었어요.
지유 일요일에 서울에 왔어요?
레아 네. 일요일 저녁에 왔어요.

(1) ① ○ ② ○ ③ × (2) 시간이 없었어요.

읽고 쓰기 *p.36*

2. (1) ① 1 ② 3 ③ 2 (2) ① ○ ② × ③ × (3) ②

8단원 | 취미 Hobbies

1 등산을 하고 있어요 I'm climbing a mountain

문법 *pp.43~44*

1. (1) 다니엘 지금 뭐 해요?
   타나펀 노래를 하고 있어요.
   (2) 리카 취미가 뭐예요?
   샤오동 요리예요. 요즘 빵을 만들고 있어요.

(1) ② (2) ②

2. (1) ⓒ (2) ⓓ (3) ⓑ (4) ⓐ (5) ⓔ

3. (1) A 샤니 씨는 지금 뭐 하고 있어요?
B 창문을 열고 있어요.

(2) A 샤오동 씨는 지금 뭐 하고 있어요?
B 전화하고 있어요.

(3) A 리카 씨는 지금 뭐 하고 있어요?
B 빵을 먹고 있어요.

(4) A 제이슨 씨는 지금 뭐 하고 있어요?
B 기타를 치고 있어요.

(5) A 레아 씨는 지금 뭐 하고 있어요?
B 커피를 마시고 있어요.

(6) A 다니엘 씨와 브루나 씨는 지금 뭐 하고 있어요?
B 이야기하고 있어요.

듣고 말하기 *pp.45~46*

2. (1) 제이슨 여보세요. 타나펀 씨, 지금 집이에요?
타나펀 아니요. 콘서트장에 가고 있어요. 지금 리카 씨가 콘서트장에서 기다리고 있어요.
제이슨 지난주에 가지 않았어요? 지금 또 콘서트에 가요?
타나펀 네. 저는 콘서트를 좋아해요. 그래서 자주 가요.

(2) 레아 이 빵, 샤오동 씨가 만들었어요?
샤오동 네. 제가 만들었어요. 맛이 어때요?
레아 정말 맛있어요. 샤오동 씨는 요리를 좋아해요?
샤오동 네. 그래서 요즘 빵하고 케이크를 만들고 있어요. 레아 씨는 취미가 뭐예요?
레아 제 취미는 등산이에요. 그래서 토요일에 친구들하고 등산을 해요.

(1) ② (2) ① × ② × ③ ○

3. 서준 타나펀 씨는 음악을 좋아해요?
타나펀 네. 좋아해요. 저는 피아노를 배우고 싶었어요. 그래서 요즘 일주일에 두 번 피아노를 배우고 있어요.
서준 어디에서 배워요?
타나펀 학교 앞 문화 센터에서요. 서준 씨는 취미가 뭐예요?
서준 저는 사진을 좋아해요. 사진 동아리를 하고 있어요. 그동안 여행지에서 사진을 많이 찍었어요.

(1) ② (2) 사진을 좋아해요. / 사진을 찍어요.

발음

1. (1) 여덟 [☑ 여덜, □ 여덥]
(2) 읽다 [□ 일따, ☑ 익따]
(3) 없습니다 [□ 엇씀니다, ☑ 업씀니다]
(4) 앉으세요 [□ 아느세요, ☑ 안즈세요]

2 태권도를 할 수 있어요? Can you do Taekwondo?

문법 익히기 *pp.48~49*

2. (1) ⓑ (2) ⓐ (3) ⓔ (4) ⓒ (5) ⓓ

3. (1) A 타나펀은 피아노를 칠 수 있어요?
B 네. 칠 수 있어요.

(2) A 샤니는 자전거를 탈 수 있어요?
B 아니요. 탈 수 없어요.

(3) A 리카는 케이크를 만들 수 있어요?
B 네. 만들 수 있어요.

(4) A 제이슨은 김치찌개를 먹을 수 있어요?
B 아니요. 먹을 수 없어요.

(5) A 샤오동은 게임을 할 수 있어요?
B 아니요. 할 수 없어요.

(6) A 다니엘은 전화를 받을 수 있어요?
B 아니요. 받을 수 없어요.

읽고 말하기 *p.50*

2. (1) ③
(2) ① 월요일은 오전에 수업이 있습니다. / 월요일은 오후에 수업이 없습니다. / 화요일, 목요일은 오후에 수업이 있습니다. ② 화요일, 목요일 수업은 오후 다섯 시에 시작합니다. ③ 토요일 수업료는 한 달에 사만 원입니다. / 화요일, 목요일 수업료는 한 달에 칠만 원입니다.

3 동아리에서 공연도 했어요 I performed in my club

문법 *pp.52~53*

2. (1) ⓔ (2) ⓓ (3) ⓐ (4) ⓑ (5) ⓒ

3. (1) 옷장도 있어요
(2) 가방도 샀어요
(3) 된장찌개도 맛있어요
(4) 남동생만 있어요
(5) 한국어만 배워요

듣고 말하기 *p.54*

2.
제이슨	레아 씨는 무슨 동아리를 하고 싶어요?
레아	등산 동아리를 하고 싶어요. 저는 산을 좋아해요.
제이슨	저도 산을 좋아해요. 고향에서 산에 자주 갔어요. 그런데 한국에서 북한산만 갔어요.
레아	북한산만요? 제이슨 씨는 무슨 산에 가고 싶어요?
제이슨	한라산에 가고 싶어요. 한라산에서 캠핑도 하고 싶어요.
레아	저도 한라산에 가고 싶어요.

(1) ① (2) ① ○ ② ×

3.
다니엘	브루나 씨, 어디에 가요?
브루나	미술 동아리에 가요. 오늘 동아리 모임이 있어요.
다니엘	미술 동아리요? 거기에서 보통 뭐 해요?
브루나	그림을 그려요. 그리고 전시회도 가요.
다니엘	와! 저도 전시회에 가고 싶어요.
브루나	그럼 다니엘 씨도 우리 동아리에 들어오세요. 정말 재미있어요.
다니엘	모임은 언제예요?
브루나	보통 금요일 오후 2시에 모여요. 다음 주만 쉬어요. 모임이 없어요.

(1) ② (2) 금요일 오후 2시에 모여요.

읽고 쓰기 *p.56*

2. (1) ① (2) ① × ② ○ ③ × (3) ③

9단원 | 계획 Plans

1 대학교에 입학할 거예요 I am going to enter college

문법 *pp.63~64*

1. (1)
다니엘	오늘 수업 후에 뭐 해요?
브루나	오늘이 친구 생일이에요. 그래서 같이 점심을 먹을 거예요.

(2)
리카	샤오동 씨, 주말에 계획이 있어요?
샤오동	네. 축구 동아리 모임이 있어요. 친구들하고 축구를 할 거예요.

(1) ① (2) ①

2. (1) ⓒ (2) ⓓ (3) ⓐ (4) ⓑ (5) ⓔ

3. (1) A 리카 씨, 토요일 아침에 뭐 할 거예요?
   B 음악을 들을 거예요. 그리고 공원에서 산책할 거예요.

   (2) A 리카 씨, 토요일 점심에 뭐 할 거예요?
   B 일본 음식을 만들 거예요. 그리고 점심을 먹을 거예요.

   (3) A 리카 씨, 토요일 저녁에 뭐 할 거예요?
   B 집 청소를 할 거예요. 그리고 영화를 볼 거예요.

   (4) A 리카 씨, 일요일 아침에 뭐 할 거예요?
   B 빨래할 거예요. 그리고 집에서 쉴 거예요.

   (5) A 리카 씨, 일요일 점심에 뭐 할 거예요?
   B 카페에 갈 거예요. 그리고 친구를 만날 거예요.

   (6) A 리카 씨, 일요일 저녁에 뭐 할 거예요?
   B 숙제할 거예요. 그리고 책을 읽을 거예요.

듣고 말하기 ***pp.65~66***

2. (1) 레아 서준 씨, 잘 지내요?
   서준 이번 학기가 대학원 마지막 학기예요. 그래서 너무 바빠요.
   레아 언제 대학원을 졸업할 거예요?
   서준 내년 2월에 졸업할 거예요.
   레아 졸업 후에 계획이 있어요?
   서준 네. 저는 공부를 더 하고 싶어요. 그래서 유학을 갈 거예요.

   (2) 선생님 다니엘 씨, 지금 회사에 가요?
   다니엘 네. 선생님. 오후에 회의가 있어요.
   선생님 일이 힘들지 않아요?
   다니엘 아니요. 괜찮아요. 그렇지만 내년에 회사를 그만둘 거예요.
   선생님 왜 그만둘 거예요?
   다니엘 저는 사업을 하고 싶어요. 그래서 사업을 시작할 거예요.

   (1) ② (2) ③

3. 안녕하십니까? 저는 소피아입니다. 올해 9월부터 한국에서 한국어를 배우고 있습니다. 한국에서 여러 나라 친구들을 사귀었습니다. 한국 생활이 정말 재미있습니다. 저는 내년 8월에 러시아에 돌아갈 겁니다. 저는 러시아 대학교에서 한국어를 전공하고 있습니다. 러시아에서 대학교를 졸업할 겁니다. 그리고 졸업 후에 한국 회사에 취직할 겁니다. 제 계획이 어떻습니까?

   (1) ① × ② × ③ ○
   (2) 졸업 후에 한국 회사에 취직할 거예요/취직할 겁니다.

발음

1. (1) ☐ 할거예요, ☑ 할꺼예요
   (2) ☑ 만들꺼예요, ☐ 만들거예요
   (3) ☑ 볼쑤이써요, ☐ 볼수이써요
   (4) ☐ 머글수이써요, ☑ 머글쑤이써요

2 구경하러 갈 거예요 I am going to look around

문법 ***pp.68~69***

2. (1) ⓐ (2) ⓔ (3) ⓓ (4) ⓑ (5) ⓒ

3. (1) A 브루나 씨는 공원에 왜 갔어요?
   B 자전거를 타러 갔어요.

   (2) A 리카 씨는 도서관에 왜 갔어요?
   B 책을 빌리러 갔어요.

   (3) A 타나펀 씨는 민속촌에 왜 갔어요?
   B 한옥을 구경하러 갔어요.

   (4) A 레아 씨는 식당에 왜 갔어요?
   B 저녁을 먹으러 갔어요.

   (5) A 샤오동 씨는 기념품 가게에 왜 갔어요?
   B 기념품을 사러 갔어요.

(6) A 제이슨 씨는 극장에 왜 갔어요?
B 공연을 보러 갔어요.

읽고 말하기 p.70

2. (1) ① (2) ① × ② × ③ ○

3 친구에게 이메일을 보냈어요
I sent an email to my friend

문법 pp.72~73

2. (1) ⓓ (2) ⓒ (3) ⓔ (4) ⓑ (5) ⓐ

3. (1) 레아에게 메시지를 보냅니다
(2) 민재에게서 메시지를 받습니다
(3) 샤니에게 선물을 줍니다
(4) 제이슨에게서 선물을 받습니다
(5) 학생들에게 한국어를 가르칩니다
(6) 김미나 선생님에게서 한국어를 배웁니다

듣고 말하기 p.74

2.
샤니	샤오동 씨, 내일도 아르바이트가 있어요?
샤오동	아니요. 내일은 친구 졸업식이에요. 그래서 거기 갈 거예요.
샤니	그래요? 친구들도 많이 가요?
샤오동	네. 고향 친구들이 많이 올 거예요. 같이 사진을 찍을 거예요. 그리고 저녁을 먹으러 학교 앞 식당에 갈 거예요.
샤니	졸업 선물도 샀어요?
샤오동	네. 지난주에 시계를 샀어요. 내일 졸업식에서 친구한테 선물을 줄 거예요.

(1) ① (2) ① ○ ② ○

3.
지유	레아 씨, 주말에 뭐 할 거예요?
레아	토요일에 남자 친구를 만날 거예요. 남자 친구와 100일 됐어요.
지유	어머, 그래요? 무슨 계획이 있어요?
레아	놀이공원에 갈 거예요. 그리고 선물도 줄 거예요.
지유	무슨 선물을 줄 거예요?
레아	남자 친구에게 지갑을 선물할 거예요. 초콜릿도 만들었어요. 내일 같이 먹을 거예요.
지유	정말 좋겠어요.

(1) ① (2) 남자 친구에게 지갑을 선물할 거예요.

읽고 쓰기 p.76

2. (1) ① × ② × ③ ○ (2) ②
(3) 부산에 유학 준비를 하러 갈 거예요.

10단원 | 날씨와 계절 The wether and the seasons

1 날씨가 맑고 따뜻해요 The weather is clear and warm

문법 pp.83~84

1. (1) A 요즘 날씨는 어때요?
B 비가 오고 더워요.

(2) A 밖에 눈이 와요?
B 아니요. 그런데 바람이 불고 추워요.

(1) ☑ 더워요. ☐ 따뜻해요. ☑ 비가 와요.
(2) ☑ 추워요. ☐ 눈이 와요. ☑ 바람이 불어요.

2. (1) ⓑ (2) ⓐ (3) ⓒ (4) ⓔ (5) ⓓ

3.

포르투갈 리스본

기간	날씨
1-3월	(1) 춥고 비가 와요.
3-6월	(2) 맑고 춥지 않아요.
6-9월	(3) 덥고 비가 오지 않아요.
9-12월	(4) 따뜻하고 바람이 불어요.

브라질 상파울루

기간	날씨
1-3월	(5) 덥고 비가 많이 와요.
3-6월	(6) 따뜻하고 맑아요.
6-9월	(7) 가끔 눈이 오고 춥지 않아요.
9-12월	(8) 흐리고 가끔 비가 와요.

(1) A 포르투갈 리스본의 1월부터 3월까지 날씨는 어때요?
B 춥고 비가 와요.

(2) B 포르투갈 리스본의 3월부터 6월까지 날씨는 어때요?
A 맑고 춥지 않아요.

(3) A 포르투갈 리스본의 6월부터 9월까지 날씨는 어때요?
B 덥고 비가 오지 않아요.

(4) B 포르투갈 리스본의 9월부터 12월까지 날씨는 어때요?
A 따뜻하고 바람이 불어요.

(5) B 브라질 상파울루의 1월부터 3월까지 날씨는 어때요?
A 덥고 비가 많이 와요.

(6) A 브라질 상파울루의 3월부터 6월까지 날씨는 어때요?
B 따뜻하고 맑아요.

(7) B 브라질 상파울루의 6월부터 9월까지 날씨는 어때요?
A 가끔 눈이 오고 춥지 않아요.

(8) A 브라질 상파울루의 9월부터 12월까지 날씨는 어때요?
B 흐리고 가끔 비가 와요.

듣고 말하기 *pp.85~86*

2. (1) 레아 민재 씨, 인터넷에서 뭘 보고 있어요?
민재 날씨를 보고 있어요. 오늘 오후부터 흐리고 저녁에 눈이 많이 내릴 거예요.
레아 그럼 내일도 눈이 와요?
민재 아니요. 내일은 눈이 그치고 맑을 거예요.

(2) 지유 올리버 씨, 시드니의 8월 날씨는 어때요?
올리버 보통 8월에 바람이 많이 불고 쌀쌀해요.
지유 그럼 11월은 많이 더워요?
올리버 아니요. 덥지 않고 따뜻해요. 비도 거의 안 오고 맑아요.

(1) ① 오늘 • —— • 흐리고 눈이 와요.
② 내일 • —— • 눈이 안 오고 맑아요.

(2) ① 8월 날씨
☑ 쌀쌀해요.
☐ 많이 추워요.
☑ 바람이 불어요.

② 11월 날씨
☑ 따뜻해요.
☑ 덥지 않아요.
☐ 비가 많이 와요.

3. 서준 여보세요. 히로시 씨, 안녕하세요?
히로시 서준 씨, 잘 지냈어요? 제가 다음 주에 부산에 가요.
서준 그래요? 저도 다음 주에 부산 집에 가요.
히로시 서준 씨도요? 그런데 요즘 부산 날씨는 어때요?
서준 요즘 바람이 불고 비가 와요. 그러니까 우산을 꼭 가져가세요.
히로시 우산요? 네. 알겠어요. 고마워요.

(1) ① × ② × ③ ○ (2) 우산을 가져갈 거예요.

발음

1. (1) 좋고 (☑ 조코, □ 조고)
(2) 넣다 (□ 너다, ☑ 너타)
(3) 않고 (□ 안고, ☑ 안코)
(4) 싫지 (□ 실지, ☑ 실치)

2 겨울이 되면 스키를 타러 가요 I go skiing in the winter

문법 *pp.88~89*

2. (1) ⓒ (2) ⓓ (3) ⓐ (4) ⓔ (5) ⓑ

3. (1) A 목이 아프면 어떻게 해요?
B 목이 아프면 물을 많이 마셔요.
(2) A 돈이 없으면 어떻게 해요?
B 돈이 없으면 아르바이트를 해요.
(3) A 스트레스를 받으면 어떻게 해요?
B 스트레스를 받으면 잠을 자요.
(4) A 부모님이 보고 싶으면 어떻게 해요?
B 부모님이 보고 싶으면 영상통화를 해요.
(5) A 날씨가 더우면 어떻게 해요?
B 날씨가 더우면 수영장에 가요.
(6) A 수업 시간에 잠이 오면 어떻게 해요?
B 수업 시간에 잠이 오면 세수해요.

읽고 말하기 *p.90*

2. (1) ① 호주 ② 멕시코 ③ 멕시코 ④ 호주
(2) ① ○ ② ○ ③ ×

3 봄은 좋아하지만 여름은 안 좋아해요
I like spring but not summer

문법 *pp.92~93*

2. (1) ⓐ (2) ⓓ (3) ⓑ (4) ⓒ (5) ⓔ

3. (1) 깨끗하지만 (2) 멋있지만 (3) 왔지만
(4) 할 수 있지만 (5) 갔지만

듣고 말하기 *p.94*

2.
지유 레아 씨, 지금도 비가 와요?
레아 네. 요즘 비가 자주 와요.
지유 지난주부터 장마예요. 그래서 요즘 비가 많이 오지만 장마가 끝나면 날씨가 아주 더워요.
레아 그렇군요. 그런데 지유 씨는 여름에 보통 뭘 자주 먹어요?
지유 전 팥빙수를 좋아해요.
레아 그래요? 저도 좋아해요.
지유 그럼 우리 내일 같이 팥빙수를 먹으러 가요.
레아 좋아요.

(1) ① (2) ① × ② × ③ ○

3.
다니엘 안녕하세요? 저는 다니엘입니다. 독일에서 왔습니다. 오늘 저는 한국의 겨울 간식을 소개하고 싶습니다. 바로 붕어빵입니다. 저는 붕어빵을 작년 겨울에 처음 먹었습니다. 아주 달고 맛있었습니다. 붕어빵 안에 팥이 있었습니다. 저는 팥을 좋아하지 않지만 붕어빵은 맛있었습니다. 올해도 겨울이 되면 저는 붕어빵을 먹을 겁니다. 여러분에게 한국의 겨울 간식, 붕어빵을 추천합니다.

(1) ② (2) ②

읽고 쓰기 *p.96*

2. (1) ① 겨울 ② 여름 ③ 여름
(2) ① × ② ○ ③ × (3) ①

11단원 | 교통 Transportation

1 명동에 가려고 해요 I am going to visit Myungdong

문법 *pp.103~104*

1. (1) 제이슨 주말에 약속이 있어요?
브루나 친구랑 저녁을 먹으려고 해요. 제이슨 씨도 시간이 있으면 같이 가요.
(2) 리카 졸업 후에 무슨 계획이 있어요?
서준 졸업 후에 미국에 유학 가려고 해요. 그래서 지금 영어를 공부하고 있어요.

(1) ① (2) ②

2. (1) ⓑ (2) ⓔ (3) ⓓ (4) ⓒ (5) ⓐ

3. (1) A 다니엘 씨는 올해 무슨 계획이 있어요?
B 자동차를 사려고 해요.
(2) A 레아 씨는 올해 무슨 계획이 있어요?
B 남자 친구와 결혼하려고 해요.
(3) A 리카 씨는 올해 무슨 계획이 있어요?
B 제주도를 여행하려고 해요. / 제주도에서 여행하려고 해요. / 제주도에 가려고 해요.
(4) A 제이슨 씨는 올해 무슨 계획이 있어요?
B 태권도를 배우려고 해요. / 태권도를 하려고 해요.
(5) A 샤오동 씨는 올해 무슨 계획이 있어요?
B 책을 많이 읽으려고 해요.
(6) A 샤니 씨는 올해 무슨 계획이 있어요?
B 대학교에 들어가려고 해요. / 대학교에 입학하려고 해요.

듣고 말하기 *pp.105~106*

2. (1) 레아 타나펀 씨, 제가 오늘 수업 후에 서울역에 가려고 해요. 서울역까지 어떻게 가요?
타나펀 버스로 갈 수도 있고 지하철로 갈 수도 있어요.
레아 그래요? 시간이 얼마나 걸려요?
타나펀 버스, 지하철 둘 다 30분쯤 걸려요.
(2) 제이슨 여보세요. 샤니 씨, 여행이 내일이에요?
샤니 네. 그래서 지금 여행 준비를 하고 있어요.
제이슨 내일 몇 시 비행기예요?
샤니 새벽 6시 비행기예요. 그런데 집에서 공항까지 1시간 걸려요. 그래서 오늘 일찍 자려고 해요.
제이슨 그래요? 그럼 여행 준비 잘 하세요.

(1) ① × ② × ③ ○ (2) ①

3. 샤오동 리카 씨, 제가 내일 친구하고 쇼핑을 하려고 해요. 여기에서 쇼핑몰까지 어떻게 가요?
리카 저기 우체국 앞에 버스 정류장이 있어요. 거기에서 버스를 타세요.
샤오동 혹시 지하철로 갈 수 있어요?
리카 네. 갈 수 있어요. 그런데 샤오동 씨, 지하철을 타면 시간이 오래 걸려요.
샤오동 네. 고마워요, 리카 씨.

(1) ① (2) 친구하고 쇼핑을 하려고 해요.

발음

1. (1) 명동역 (☑ 명동녁, ☐ 명동역)
(2) 지난여름 (☑ 지난녀름, ☐ 지나녀름)
(3) 길옆 (☐ 기렵, ☑ 길렵)
(4) 잠실역 (☐ 잠시력, ☑ 잠실력)

2 오른쪽으로 가세요 Go to the right

문법 *pp.108~109*

2. (1) ⓓ (2) ⓑ (3) ⓐ (4) ⓒ (5) ⓔ

3.

(1) A 실례합니다. 약국이 어디에 있어요?
　　B 4층으로 올라가세요. 병원 바로 옆에 있어요.

(2) B 실례합니다. 마트가 어디에 있어요?
　　A 지하 1층으로 내려가세요. 노래방 바로 옆에 있어요.

(3) A 실례합니다. 빵집이 어디에 있어요?
　　B 3층으로 올라가세요. 옷 가게 바로 옆에 있어요.

(4) B 실례합니다. 미용실이 어디에 있어요?
　　A 3층으로 올라가세요. 옷 가게 바로 옆에 있어요.

(5) A 실례합니다. 영화관이 어디에 있어요?
　　B 2층으로 올라가세요. 식당 바로 옆에 있어요.

(6) B 실례합니다. 카페가 어디에 있어요?
　　A 2층으로 올라가세요. 영화관 바로 옆에 있어요.

(7) A 실례합니다. 피시방이 어디에 있어요?
　　B 지하 1층으로 내려가세요. 노래방 바로 옆에 있어요.

읽고 말하기 *p.110*

2. (1) ③ (2) ① × ② × ③ ○

3 지하철을 타야 돼요 You have to take the subway

문법 *pp.112~113*

2. (1) ⓓ (2) ⓔ (3) ⓐ (4) ⓒ (5) ⓑ

3. (1) 청소해야 돼요
   (2) 내려야 돼요
   (3) 쉬어야 돼요 / 자야 돼요 / 누워야 돼요
   (4) 일어나야 돼요
   (5) 사야 돼요

듣고 말하기 *p.114*

2.

레아	제이슨 씨, 제가 광화문에 가려고 해요. 학교에서 어떻게 가야 돼요?
제이슨	학교 앞 버스 정류장에서 470번 버스를 타세요. 그리고 광화문에서 내리세요.
레아	지하철은 없어요?
제이슨	지하철은 갈아타야 되지만 버스는 갈아타지 않아요. 그래서 버스가 편해요.
레아	그래요? 그럼 학교에서 광화문까지 시간이 얼마나 걸려요?
제이슨	버스로 30분쯤 걸려요. 레아 씨, 그런데 광화문에 왜 가요?
레아	친구를 만나러 가요.

(1) ① (2) 친구를 만나러 가요.

3.
샤오동 제가 주말에 경복궁을 구경하러 가려고 해요. 경복궁에 어떻게 가야 돼요?
지유 샤오동 씨, 경복궁까지 버스와 지하철로 갈 수 있어요.
샤오동 지하철로 가면 어떻게 가요?
지유 이대역에서 지하철 2호선을 타세요. 을지로 3가역에서 3호선으로 갈아타세요. 그리고 경복궁역에서 내리세요. 5번 출구로 나가면 경복궁이 있어요.
샤오동 이대역에서 경복궁까지 시간이 얼마나 걸려요?
지유 40분쯤 걸려요.

(1) ① (2) ① × ② ○ ③ ×

읽고 쓰기 p.116

2. (1) ③ (2) ① × ② × ③ ○ (3) ③

12단원 | 약속 Appointments

1 같이 점심을 먹을까요? Shall we have lunch together?

문법 pp.123~124

1. (1) 샤오동 우리 점심에 뭘 먹어요?
레아 비빔밥 먹을까요?
샤오동 네. 좋아요. 비빔밥 먹어요.

(2) 타나펀 우리 어디에서 공부해요? 학교 앞 카페에서 공부할까요?
브루나 저는 카페에서 공부를 못 해요. 우리 도서관에서 공부해요.
타나펀 그래요. 도서관으로 가요.

(1) ② (2) ②

2. (1) ⓐ (2) ⓑ (3) ⓔ (4) ⓓ (5) ⓒ

3.

	일요일	월요일	화요일	수요일	목요일	금요일	토요일
이번 주			(1) 영화를 봐요.	(2) 자전거를 타요.		(3) 쇼핑하러 가요.	(4) 빵을 만들어요.
다음 주	(5) 도서관에 가요.	(6) 사진을 찍어요.			(7) 저녁을 먹어요.		(8) 등산해요.

(1) A 샤니 씨, 이번 주 화요일에 시간이 있으면 같이 영화를 볼까요?
B 좋아요. 같이 영화를 봐요.

(2) B 브루나 씨, 이번 주 수요일에 시간이 있으면 같이 자전거를 탈까요?
A 좋아요. 같이 자전거를 타요.

(3) A 샤니 씨, 이번 주 금요일에 시간이 있으면 같이 쇼핑하러 갈까요?
B 좋아요. 같이 쇼핑하러 가요.

(4) B 브루나 씨, 이번 주 토요일에 시간이 있으면 같이 빵을 만들까요?
A 좋아요. 같이 빵을 만들어요.

(5) A 샤니 씨, 다음 주 일요일에 시간이 있으면 같이 도서관에 갈까요?
B 좋아요. 같이 도서관에 가요.

(6) B 브루나 씨, 다음 주 월요일에 시간이 있으면 같이 사진을 찍을까요?
A 좋아요. 같이 사진을 찍어요.

(7) A 샤니 씨, 다음 주 목요일에 시간이 있으면 같이 저녁을 먹을까요?
B 좋아요. 같이 저녁을 먹어요.

(8) B 브루나 씨, 다음 주 토요일에 시간이 있으면 같이 등산할까요?
A 좋아요. 같이 등산해요.

듣고 말하기 pp.125~126

2. (1)

샤니	제이슨 씨, 우리 동아리 모임을 어디에서 할까요?
제이슨	학교 앞 피자집에서 할까요?
샤니	거긴 음식은 괜찮지만 너무 비싸요.
제이슨	이화식당은 어때요? 가격도 싸고 친절해요. 그리고 식당도 넓어요.
샤니	그래요? 그럼 이화식당에서 해요.
제이슨	좋아요.

(2)

타나펀	리카 씨, 내일 바빠요?
리카	아니요. 왜요?
타나펀	시간이 있으면 공원에 산책하러 갈까요?
리카	좋아요. 그럼 타나펀 씨, 내일 몇 시에 만날까요?
타나펀	낮 12시 어때요?
리카	그 시간에는 햇빛이 너무 뜨거워요.
타나펀	그럼 아침 9시에 기숙사 앞에서 만나요.

(1) ① (2) ②

3.

제이슨	브루나 씨, 토요일 오후에 시간이 있어요?
브루나	네. 별일 없어요. 왜요?
제이슨	그럼 우리 같이 야구 경기를 볼까요?
브루나	좋아요. 저도 야구 경기를 보고 싶었어요. 그럼 우리 야구장 앞에서 만날까요?
제이슨	아니요. 야구장 앞은 복잡해요. 지하철역 3번 출구에서 만나요.
브루나	알겠어요. 그럼 3번 출구에서 토요일 5시에 봐요.

(1) ① ○ ② ○ ③ × (2) 야구장 앞은 복잡해요.

발음

1. (1) 백화점 (□ 백화점, ☑ 배콰점)
   (2) 예약해요 (□ 예약해요, ☑ 예야캐요)
   (3) 따뜻하다 (☑ 따뜨타다, □ 따뜻하다)
   (4) 입학 (☑ 이팍, □ 입학)

2 친구가 와서 공항에 가야 돼요

I have to go to the airport because my friend has arrived

문법 익히기 pp.128~129

2. (1) ⓒ (2) ⓐ (3) ⓓ (4) ⓑ (5) ⓔ

3. (1) A 왜 선물을 샀어요?
   B 친구 생일이라서 샀어요.

   (2) A 왜 옷을 바꿨어요?
   B 옷이 커서 바꿨어요.

   (3) A 왜 영화를 또 봐요?
   B 영화가 재미있어서 또 봐요.

   (4) A 왜 어제 못 잤어요?
   B 커피를 많이 마셔서 못 잤어요.

   (5) A 왜 김치를 못 먹어요?
   B 김치가 매워서 못 먹어요.

   (6) A 왜 등산 약속을 취소했어요?
   B 눈이 와서 취소했어요.

읽고 말하기 p.130

2. (1) ③ (2) ① 고장이 나서 사용할 수 없어요. ② 소피아의 송별회 선물을 사려고 해요.

3 저녁을 먹고 노래방에 가요

Let's go to the singing room after dinner

문법 익히기 pp.132~133

2. (1) ⓔ (2) ⓑ (3) ⓓ (4) ⓒ (5) ⓐ

3. (1) 이화여대에서 커피를 마시고 캠퍼스를 구경해요
   (2) 인사동에서 한국 음식을 먹고 차를 마셔요
   (3) 경복궁에서 구경하고 한복을 입어요
   (4) 남대문에서 남대문을 보고 남대문 시장에 가요

(5) 한강 공원에서 자전거를 타고 치킨을 먹어요
(6) 롯데월드타워에서 사진을 찍고 야경을 봐요

듣고 말하기 p.134

2.

진우	여보세요. 다니엘 씨, 퇴근했어요?
다이엘	네. 퇴근하고 지금 집에 가고 있어요.
진우	다음 주 금요일 저녁 7시에 수진 씨 환영회가 있어요. 다니엘 씨도 올 수 있어요?
다이엘	그럼요. 환영회 장소는 어디예요?
진우	우리 회사 앞 고깃집요.
다이엘	그럼 수진 씨 선물은 어떻게 할까요?
진우	제가 꽃을 이미 준비했어요.
다이엘	알겠어요. 진우 씨, 내일 회사에서 봐요.

(1) ① (2) ①

3.

지유	타나펀 씨, 내일 시험 끝나고 뭐 할 거예요?
타나펀	소피아가 다음 주에 고향에 돌아가서 송별회를 하려고 해요.
지유	어디에서 할 거예요?
타나펀	우리 집에서 할 거예요. 소피아가 태국 음식을 좋아해서 제가 태국 음식을 준비하고 친구들이 치킨을 주문할 거예요.
지유	내일 송별회에 몇 명이 올 거예요?
타나펀	7명이 올 거예요.
지유	송별회에서 뭐 할 거예요?
타나펀	저녁을 먹고 노래방에 갈 거예요.

(1) ① × ② × ③ ○
(2) 소피아가 다음 주에 고향에 돌아가요.

읽고 쓰기 p.136

2. (1) ① 운동하기 ② 한국어로 일기 쓰기
(2) ① × ② × ③ ○ (3) ③

집필진 Authors

수석 책임 연구원

이민경 Lee, Minkyung
이화여자대학교 언어교육원 특임교수
Professor of Ewha Language Center, Ewha Womans University
이화여자대학교 한국학과 박사
Ph.D. in Korean Studies, Ewha Womans University

책임 연구원

김현진 Kim, Hyunjin
이화여자대학교 언어교육원 특임교수
Professor of Ewha Language Center, Ewha Womans University
이화여자대학교 독어독문학과 박사
Ph.D. in German Language & Literature, Ewha Womans University

배재원 Bae, Jaewon
이화여자대학교 언어교육원 특임교수
Professor of Ewha Language Center, Ewha Womans University
이화여자대학교 한국학과 박사
Ph.D. in Korean Studies, Ewha Womans University

공동 연구원

이정연 Lee, Jungyoun
이화여자대학교 언어교육원 전임강사
Full-time instructor of Ewha Language Center, Ewha Womans University
한국외국어대학교 국어국문학과 박사
Ph.D. in Korean Language & Literature, Hankuk University of Foreign Studies

김민정 Kim, Minjeong
이화여자대학교 언어교육원 전임강사
Full-time instructor of Ewha Language Center, Ewha Womans University
이화여자대학교 한국학과 박사
Ph.D. in Korean Studies, Ewha Womans University

박옥경 Park, Okkyung
이화여자대학교 언어교육원 책임강사
Instructor of Ewha Language Center, Ewha Womans University
이화여자대학교 한국어교육학과 석사
M.A. in Teaching Korean to Speakers of Other Languages, Ewha Womans University

황윤정 Hwang, Yunjeong
이화여자대학교 언어교육원 책임강사
Instructor of Ewha Language Center, Ewha Womans University
이화여자대학교 외국어로서의 한국어교육 전공 석사
M.A. in Teaching Korean as a Foreign Language , Ewha Womans University

최효원 Choi, Hyowon
이화여자대학교 언어교육원 책임강사
Instructor of Ewha Language Center, Ewha Womans University
이화여자대학교 한국어교육학과 석사
M.A. in Teaching Korean to Speakers of Other Languages, Ewha Womans University